Klaus Thiele-Dohrmann
Kurtisanenfreund und Fürstenplage

SERIE
PIPER

Zu diesem Buch

Die Frauen liebten ihn, die Fürsten haßten ihn: Pietro Aretino, den ersten Skandalreporter der Geschichte. Ein unbändiger Geltungsdrang, eine außergewöhnliche satirische Begabung und eine unerschöpfliche Produktionskraft machten ihn zum umworbenen und gefürchteten Mittelpunkt der Fürsten- und Königshöfe. Er schrieb pornographische Gedichte und frivole Komödien, satirische Traktate, Heiligenviten und Hurenspiegel und oft alles zur selben Zeit. Das schuf ihm Feinde und kostete ihn fast das Leben, verschaffte ihm aber auch großzügige Beschützer und den Zugang zu höchsten Kreisen. Ein farbenprächtiges Gemälde der Renaissance und ein kontrastreiches Porträt eines ihrer schillerndsten Protagonisten.

Klaus Thiele-Dohrmann, geboren 1936, lebt als Autor und Wissenschaftsjournalist in Hamburg. Er studierte Psychologie und Literaturwissenschaft in Hamburg und Zürich, ist Mitarbeiter verschiedener Zeitungen und Rundfunksender und schrieb zahlreiche kulturgeschichtliche Bücher.

Klaus Thiele-Dohrmann
Kurtisanenfreund und Fürstenplage

Pietro Aretino und die Kunst der Enthüllung

Mit 14 Abbildungen

Piper München Zürich

Von Klaus Thiele-Dohrmann liegt in der Serie Piper außerdem vor:
Europäische Kaffeehauskultur (2582)

Ungekürzte Taschenbuchausgabe
Piper Verlag GmbH, München
Juli 2000
© 1998 Artemis & Winkler Verlag, Düsseldorf / Zürich
Umschlag: Büro Hamburg
Stefanie Oberbeck, Katrin Hoffmann
Umschlagabbildung: Charles Edward
(»Paolo und Francesca«, Arthotek)
Foto Umschlagrückseite: Klaus Thiele-Dohrmann
Satz: Fotosatz Moers, Mönchengladbach
Druck und Bindung: Clausen & Bosse, Leck
Printed in Germany   ISBN 3-492-23006-7

INHALT

»Ein Phänomen der Unsittlichkeit«

»Mein Bild ist über dem Eingang der Paläste zu sehen. Mein Kopf ist auf Kannen, auf Tellern, auf Spiegelrahmen abgebildet, wie die Köpfe Alexanders, Cäsars, Scipios. Manche Kristallgläser, die in Murano hergestellt werden, nennt man aretinische Vasen. Eine Pferderasse hat diesen Namen bekommen, weil mir Papst Clemens VII. ein solches Pferd geschenkt hat und ich es an den Herzog Federico weiterverschenkt habe. Das Wasser, das einen Teil meines Hauses umspült, nennt man das aretinische. Meine Frauen wollen Aretinerinnen genannt werden. Man spricht sogar von einem aretinischen Stil. Die Pedanten können vor Wut sterben, ehe sie zu solcher Ehre gelangen!«

Der Mann, der so genußvoll von seinem eigenen Ruhm sprach, übertrieb nicht: Pietro Aretino, den seine Bewunderer als den »göttlichen Aretino« verehrten, gehörte zu den am meisten umworbenen Persönlichkeiten seiner Zeit. Er war ein geistvoller, einfallsreicher und kunstverständiger Mann, auf dessen Urteil selbst ein so berühmter Maler wie Tizian Wert legte. Aretino galt als ein Genie der Unterhaltsamkeit und verfügte über eine anscheinend unerschöpfliche Sprachphantasie. Er schrieb frivole Gedichte und derbe Komödien, anregende Kunstbetrachtungen, geistreiche Briefe und politische Satiren. Seine Improvisationsgabe und sein frecher Wortwitz machten ihn zum gesellschaftlichen Mittelpunkt im Rom der Renaissancezeit, und nicht nur Künstler und Schriftsteller, sondern auch höchste geistliche und weltliche Würdenträger suchten seine Bekanntschaft.

Dabei war Aretino durchaus kein gebildeter Mann. Die Schule habe er nur solange besucht, bis er das Kreuzzeichen beherrschte, gestand er freimütig ein. Um so mehr tat er sich darauf zugute, mit seiner enormen Produktivität den »Pedanten« den Rang abgelaufen zu haben. »Pedanten«, das waren für Aretino die humanistischen Gelehrten, die »die Kunst der Lateiner und Griechen destillieren«, aber selbst keine lebendige Literatur zustande brachten.

Doch Aretinos Unterhaltungskunst war nicht der einzige Grund für seine herausgehobene gesellschaftliche Position. Die Mächtigen seiner Zeit buhlten auch deshalb um seine Gunst, weil sie ihn fürchteten. Denn der zungenfertige Mann aus der Toskana war nicht nur amüsant, sondern konnte auch gefährlich werden. Der aus ärmlichen Verhältnissen stammende Pietro Aretino, der in Rom und in Venedig ein fürstliches Leben führte, hatte nämlich eine Einnahmequelle entdeckt, die bis dahin noch niemand so unverhohlen für seine persönlichen Interessen genutzt hatte: die *Enthüllung des Privaten.*

Aretino kannte die heimlichen Vergnügungen an den Höfen, er kannte die Intrigen, den Neid, die Mißgunst, den intimen Klatsch und die wahren und unwahren Gerüchte über das verborgene Leben der Einflußreichen. Er war über die Repräsentanten der gehobenen Gesellschaft und ihre menschlichen Schwächen bestens im Bild. Und er hatte begriffen, daß die Preisgabe von Details aus dem Privatbereich bekannter Persönlichkeiten nicht nur dazu dienen konnte, einen oberflächlichen Lacherfolg bei neugierigen Zuhörern einzuheimsen, sondern daß die Kenntnis intimer Einzelheiten auch ganz reale Macht bedeutete. Ein Kenner intimer Verhältnisse konnte für Leute, die Enthüllungen zu fürchten hatten, eine Bedrohung sein; gegebenenfalls konnte er sich mit seinen Kenntnissen sogar als Erpresser betätigen.

Diese profitable Einsicht ließ Aretino sich üppig honorieren. Viele seiner Zeitgenossen fürchteten seine Zunge, und dieser Furcht verdankte er seinen aufwendigen Lebensstil. Ein Mann, der nicht nur unterhaltsam zu erzählen und geistreich zu formulieren verstand, sondern auch wohlbehütete Geheimnisse kannte, die er auszuplaudern bereit war, wenn er sich davon einen Vorteil versprach, war ebenso verhaßt wie begehrt und konnte sich fast jede Freiheit erlauben.

Innerhalb weniger Jahre machte sich Pietro Aretino auf diese Weise zum ersten Enthüllungsjournalisten der abendländischen Welt. Er begann seine Laufbahn als eine Art Sittenrichter, obgleich er selbst alles andere als ein moralisches Vorbild war. Er prangerte Heuchelei, Bestechung und Vetternwirtschaft in der Kirche an, schrieb Satiren über das Intimleben von Kardinälen und Adligen, ließ seine Offenbarungen mit Hilfe der jüngst erfundenen Druckerkunst kursieren und nahm huldvoll kostbare Geschenke entgegen, mit denen die Beschämten sein künftiges Schweigen zu erkaufen suchten. Zwischen berechtigter Kritik und boshafter Bloßstellung pendelnd, wurde Pietro Aretino zu einem in ganz Europa gefürchteten Skandalreporter.

»Er wandelt nun durch Rom wie ein Herzog gekleidet«, schrieb mit widerwilliger Anerkennung einer seiner Kritiker. »Er macht alle wilden Streiche des Adels mit. Er zahlt seinen Eintritt bei ihnen mit elegant verkleideten Kränkungen, mit denen er sie amüsiert. Er spricht gut und kennt jede anrüchige Anekdote in der Stadt. Die Este und Gonzaga promenieren Arm in Arm mit ihm und lauschen seinem Geschwätz. Er behandelt sie mit Respekt und alle anderen mit Hochmut. Er lebt von dem, was sie ihm geben. Vor seinem satirischen Talent zittern die Leute, und er schwelgt in allen Nachreden, die ihn einen zynischen, schamlosen Verleumder nennen. Er brauchte nur eine fixe Pension. Und er erhielt sie vom Papst, als er diesem ein zweitrangiges Poem widmete.«

Seine indiskreten Veröffentlichungen glaubte Aretino sich leisten zu können, weil er selbst, im Gegensatz zu seinen bloßgestellten Opfern, sein frivoles Privatleben vor niemandem verbarg. Ganz Rom sprach davon, daß Aretinos Schlafzimmer nicht nur zahllosen Frauen und Mädchen, sondern auch jungen Männern offenstehe. Aretino lachte nur über solche Kritik und wies mit Nachdruck darauf hin, daß er sich selbst ja kein Tugendmäntelchen umhänge. Er berichte immer nur die Wahrheit, erklärte er, aber er wisse natürlich auch, daß Wahrheit oft Haß gegen denjenigen hervorrufe, der sie offenbare.

Wenn man sich allerdings vor Augen hält, in welchem moralischen Zustand sich Rom zur Renaissancezeit befand, als selbst beispielgebende Führungsschichten zeitweise alles andere als Vorbilder waren, wird man Aretinos Lust an der Enthüllung unter anderem Blickwinkel sehen. Als kleinen Beleg dafür, daß Aretino die Stoffe für seine Schmähungen nicht etwa aus der Luft griff, mag die folgende Beschreibung dienen, die aus der Feder eines unverdächtigen Zeugen stammt: »Am Abend veranstaltete der Herzog Valentino (Cesare Borgia) in seinem Gemach im Vatikan ein Gelage mit fünfzig ehrbaren Dirnen, Kurtisanen genannt, die nach dem Mahl mit den Dienern und den anderen Anwesenden tanzten, zuerst in ihren Kleidern, dann nackt. Nach dem Mahl wurden die Tischleuchter mit den brennenden Kerzen auf den Boden gestellt und Kastanien rings herum gestreut, die die nackten Dirnen auf Händen und Füßen zwischen den Leuchtern durchkriechend aufsammelten, wobei der Papst, Cesare und seine Schwester Lucrezia zuschauten. Schließlich wurden Preise ausgesetzt, seidene Überröcke, Schuhe, Barette und anderes für die, welche mit den Dirnen am öftesten den Akt vollziehen könnten. Das Schauspiel fand hier im Saal öffentlich statt, und nach dem Urteil der Anwesenden wurden an die Sieger Preise verteilt.«

In sachlichem Ton und mit der Sorgfalt eines guten Aufsichtsbeamten verzeichnete der päpstliche Zeremonienmeister Johannes Burcardus in seinem Tagebuch unter dem 31. Oktober 1501 den Verlauf eines vergnüglichen Abends im Vatikan.

Derartige Veranstaltungen waren unter der Herrschaft Papst Alexanders VI. anscheinend nicht ungewöhnlich. Zu Kurtisanen hatte Alexander schon als Kardinal – damals noch unter seinem Familiennamen Rodrigo Borgia – intensive Beziehungen gehabt, die er auch keineswegs verheimlichte. Als er im August 1492 zum Papst gewählt wurde, hatte er bereits sechs Kinder von verschiedenen Geliebten, die damals noch nicht mit dem eleganten Namen »Kurtisanen« bezeichnet wurden. Dieser Ausdruck bürgerte sich erst unter Alexanders päpstlicher Oberhoheit ein und kennzeichnete Damen, die sich zum Zweck des Vergnügens am Hof (»corte«) eines geistlichen oder weltlichen Herrn aufhielten und dessen spezielle Gunst genossen. Das Wort »cortigiana« ließ an ›Hofdame‹ denken und klang natürlich wesentlich feiner als der derbe Ausdruck »Hure«.

Feiner sein als ein namenloses Straßenmädchen, das wollten vor allem die römischen Kurtisanen der Renaissance; und manchen gelang es auch wirklich, aus ihrem Gewerbe ein zumindest zeitweise lebenswertes Leben zu gewinnen. Eine Kurtisane, die etwas auf sich hielt, wollte ihren Liebhabern nicht nur körperliche Freuden bereiten, sondern sie auch mit großzügiger Gastfreundschaft, musikalischen Vorträgen und geistvollen Gesprächen an sich binden. Damit stieg ihr Ansehen ebenso wie ihr Honorar. Vor allem aber konnte sich eine Kurtisane durch Belesenheit und musikalische Bildung ein höheres Maß an Unabhängigkeit und Selbstachtung verschaffen. Sie blieb nicht länger nur das obskure Objekt männlicher Begierde, sondern man würdigte, respektierte und verehrte sie.

In Rom und Venedig blühte der Kurtisanenberuf am üppigsten, weil in diesen Städten das meiste Geld in Umlauf war und oft mit vollen Händen ausgegeben wurde. Nicht nur einheimische Lebemänner und begüterte Reisende, sondern auch ranghohe Geistliche pflegten innigen Kontakt mit namhaften Kurtisanen. Kaum stärker bewegt als der päpstliche Zeremonienmeister berichtete der römische Chronist Infessura:

»Alexander VI. hat die schon von Papst Innozenz VIII. eingeführte Gewohnheit, seine weibliche Nachkommenschaft zu verheiraten, fortgesetzt und noch erweitert. Und so strengt sich jetzt der ganze Klerus an, und zwar mit Eifer, sich Nachkommenschaft zu zeugen, so daß vom höchsten Kleriker bis zum niedersten jeder, als wäre er verheiratet, sich eine Konkubine hält, und zwar ganz öffentlich.«

In Rom florierte das Kurtisanenwesen vom Ende des 15. Jahrhunderts bis zur Plünderung Roms durch die Söldnertruppen Karls V. im Jahre 1527. Zwar gab es auch danach noch namhafte Kurtisanen in Rom, aber ihr Glanz verblich, als Mitte des 16. Jahrhunderts die Reformpäpste mit strengen Maßnahmen gegen das Dirnenwesen eine moralische Wende einläuteten. Während der folgenden Jahrzehnte war es die freie Stadt Venedig, die den Kurtisanen ermöglichte, ihrer freiberuflichen Tätigkeit weitgehend unbehelligt nachzugehen.

Als Pietro Aretino nach Rom kam, herrschte in Rom wie auch im Vatikan noch das süße Leben. Zwar war Papst Alexander VI. bereits gestorben. Aber manche seiner Nachfolger frönten ebenfalls dem Sinnengenuß mehr, als man von einem »Statthalter Christi auf Erden« hätte erwarten sollen. Für einen kritischen Geist tat sich hier wie auch im Herrschaftsbereich der weltlichen Fürsten ein weites Feld auf, und Aretino beackerte es nach Kräften.

So sehr seine Gegner ihn haßten, so sehr verehrten ihn seine Freunde und Gönner. Aretino richtete sich selbstbewußt zwischen den Fronten ein. Vital und hemmungslos, großzügig und hilfsbereit, ruhmsüchtig, geldgierig, opportunistisch, ein amoralischer Egozentriker, der sich selbst für ein Genie hielt und gleichzeitig dröhnend über seine eigenen Schwächen lachte – in Pietro Aretino vereinten sich so viele Widersprüche, daß sich die Literaturhistoriker seit der Renaissance über die Beurteilung seiner Person und seines Werks nicht einig werden konnten.

Nach Aretinos Tod im Jahre 1556 überwogen allerdings die vernichtenden Urteile über ihn sehr deutlich. Jahrhundertelang galt er den meisten Kritikern als einmalige negative Ausnahmeerscheinung. Der Schweizer Kunstgelehrte Jacob Burckhardt fällte 1860, in seinem Buch über *Die Kultur der Renaissance in Italien*, ein maßgebliches Urteil über das Wesen und Wirken des frechen Komödiendichters und Satirikers aus der Toskana. »Lauter Bettelei und gemeine Erpressung« sah Burckhardt in den Beziehungen Aretinos zu den Mächtigen seiner Zeit. Aretino habe als erster in ganz großem Maßstab die Publizität zu niedrigen Zwecken mißbraucht und sei in gewisser Hinsicht einer der Urväter der Journalistik. »Es ist ein gutes Zeichen des heutigen italienischen Geistes«, schloß Burckhardt hoffnungsvoll sein Aretino-Kapitel, »daß ein solcher Charakter und eine solche Wirkungsweise tausendmal unmöglich geworden sind.«

Etwa um die gleiche Zeit charakterisierte der deutsche Kunsthistoriker und Michelangelo-Biograph Hermann Grimm Aretino als eine Persönlichkeit, »die jedem Ekel einflößen muß, der nur die schwächsten Anforderungen moralischer Art an den Menschen macht«. Über Aretinos Briefe und Pamphlete äußerte er sich ebenso angewidert: »Aretinos Blätter ... wirkten ohne alle Konkurrenz, wenn er sie von Venedig aus, wo er wie eine giftige Kröte in unnahbar freien Sümpfen saß, in die Welt sandte.«

Fast noch heftiger ging Ferdinand Gregorovius mit Aretino ins Gericht: »Er ist ein Phänomen der Unsittlichkeit, wie es in keinem Volk zu irgendeiner Zeit gesehen ward«, empörte sich im Jahre 1872 der deutsche Kulturhistoriker in seiner *Geschichte der Stadt Rom im Mittelalter*. »Man weiß kaum, was man hier mehr bestaunen muß – diese zynische Frechheit oder die Macht dieses Journalisten und die Vergötterung, die er seinem Jahrhundert abzwang.«

Für den deutschen Geschichtsschreiber war der unverschämt lebenslustige Renaissanceliterat Aretino eine abstoßende Figur, ein »unwissender, schamloser, jedem käuflicher Bettler«, der als Tyrann den Thron der Literatur eingenommen habe und von allen Großen seiner Zeit gefürchtet und geehrt worden sei, obwohl er sie allesamt verachtet und nach Strich und Faden ausgebeutet habe. Und in Aretinos freizügigen *Kurtisanengesprächen* glaubte Gregorovius das unverkennbare Anzeichen für »eine moralische Syphilis am geistigen Organismus« der italienischen Nation zu erkennen.

Journalisten als unwissende, schamlose, jederzeit käufliche Opportunisten – ein unangenehmes Vorurteil über einen ganzen Berufsstand, das seit Aretinos Zeiten immer wieder Nahrung findet. Doch zumindest über den ersten Journalisten aus Arezzo, diesen »genialen und skrupellosen Regisseur des eigenen Ruhms«, wie der Romanist Johannes Hösle ihn nannte, gibt es auch positivere Ansichten. Der Schriftsteller Hermann Kesten zum Beispiel bezeichnete Aretino wohlwollend als »Zeitung von Europa«. Und der Romanist Karl Voßler billigte Aretino zu, daß mit ihm »die große Demokratisierung der humanistischen Bildung« begonnen habe.

Mit heutigen Augen betrachtet sind Leben und Werk Pietro Aretinos eher verblüffend als schockierend. Und allem Anschein nach hat auch in der Renaissance, dem Zeitalter des aufblühenden Individualismus und der oft hemmungslosen Lebenslust, der unaufhaltsame Aufstieg des vitalen Provinzlers beinahe unglaublich gewirkt.

Tizian, *Porträt des Pietro Aretino*, 1545. Florenz, Galleria Pitti

Wie hatte der völlig unbekannte Pietro aus Arezzo, aus nicht ganz geklärten Familienverhältnissen stammend und ohne eine Spur von höherer Bildung, zu einer der begehrtesten Persönlichkeiten seiner Zeit werden können? Auf welche Weise war dieser Aretino zu dem geistvollen und kunstverständigen Mann geworden, dessen unterhaltsame Gesellschaft nicht nur Künstler und Schriftsteller, sondern auch Päpste und Fürsten suchten? Ein Mann, der von Tizian und von Sebastiano del Piombo gemalt wurde; ein Mann, dessen Kopf Jacopo Sansovino an der Sakristeitür von San Marco in Venedig in Bronze verewigte; ein Mann, den Kaiser Karl V., der damals mächtigste Herrscher des Abendlandes, erfolglos an seinen Hof bat – ein solcher Mann mußte etwas Besonderes an sich gehabt haben, auch wenn dieses Besondere vielen seiner Zeitgenossen und Nachfahren ein Dorn im Auge sein mochte.

Ein Unbekannter aus Arezzo

Pietro Aretino kam in der Nacht vom 19. auf den 20. April 1492 in der kleinen toskanischen Stadt Arezzo zur Welt. Soviel zumindest kann als gesichert gelten. Und auch, daß die schöne Tita seine Mutter war, ist bislang von keinem Aretino-Biographen bestritten worden. Ob aber Tita eine züchtige Hausfrau war oder, wie Aretinos Feinde behaupteten, eine stadtbekannte Hure, scheint nie völlig geklärt worden zu sein. Nachweisbar ist allenfalls, daß Tita dem Maler Matteo Lappoli für das Bild der Maria über einer Kapellentür der Kirche San Pietro in Arezzo Modell gestanden hat. Im großen Rom hätte sicher auch ein anonymes Straßenmädchen diese Aufgabe wahrnehmen können, wenn ihr Gesicht den erwünschten Ausdruck gehabt hätte; aber im kleinen Arezzo, wo jeder jeden kannte, wäre eine Dirne als Gottesmutter wohl kaum von der Öffentlichkeit akzeptiert worden.

Unklar ist auch, wer Pietros Vater war – ein Schuster namens Luca oder ein Adliger aus Titas toskanischer Heimat. Pietro selbst, der schon in frühester Jugend ein ausgeprägtes Selbstwertgefühl entwickelte, war ziemlich sicher, von einem alten Adelsgeschlecht abzustammen und zu großen Dingen berufen zu sein.

Pietros Gegner bestritten seine adlige Abkunft energisch, allerdings ohne Beweise anführen zu können. Statt dessen verleumdeten sie außer seiner Mutter auch noch seine beiden Schwestern und unterstellten ihnen, in Arezzo in einem Bordell tätig gewesen zu sein. Auch hier handelt es sich vermutlich um bösartig ausgestreute Gerüchte. Aus Dokumenten der Zeit geht zumindest hervor, daß Pietros Schwestern verheiratet waren und Kinder hinterließen. Und es ist sehr fraglich, ob die Bürger von Arezzo, bei einem Besuch des Herzogs Alessandro de' Medici in ihrer Stadt, den Ratspalast mit einem Porträt von Aretino dekoriert hätten, wenn die Schwestern dieses Mannes käufliche Dirnen gewesen wären. Und ebenso unwahrscheinlich ist, daß der Herzog unter solchen Umständen dem Geburtshaus Aretinos einen Besuch abgestattet hätte.

Aber Pietro Aretino (der seinen Nachnamen von seinem Geburtsort Arezzo ableitete) scheint schon zu Lebzeiten neben Bewunderung oder wenigstens objektiver Anerkennung auch soviel Haß hervorgerufen zu haben, daß seine Gegner unverdrossen fortfuhren, abstoßende Geschichten über ihn zu erfinden und als authentische biographische Angaben zu verbreiten.

Da über Aretinos Kindheit und Jugend fast nichts bekannt war, konnten sich solche Gerüchte um so besser verbreiten und wurden lange Zeit für bare Münze genommen. Derartige Berichte wären kaum der Erwähnung wert, wenn nicht einige davon zeitweise auch von seriösen Forschern ernstgenommen worden wären. Zu solchen unbewiesenen Tatsachenberichten gehörte eine angebliche Biographie Aretinos in Dialogform, die im Jahre 1538 anonym in Perugia veröffentlicht wurde.

In der Nacht vor der Geburt, so heißt es in dieser sogenannten »Lebensgeschichte«, habe Aretinos Mutter geträumt, sie werde einen Weinschlauch zur Welt bringen. Dieser Traum sei wahrscheinlich die Ursache dafür gewesen, daß sich der Sohn später »di vino« (aus Wein) genannt habe, was keinesfalls mit der Ehrenbezeugung »divino« (göttlich) verwechselt werden dürfe.

Schon früh habe Aretino seinen Geburtsort unfreiwillig verlassen müssen, erzählte man, weil er schon als junger

Mensch durch seinen schlechten Charakter aufgefallen sei:
Er habe seiner Mutter Geld gestohlen und außerdem schon
früh eine schamlose Aufsässigkeit gegenüber der Kirche gezeigt. Der kaum fünfzehnjährige Pietro habe nämlich ein
obszönes Gedicht gegen den Ablaßhandel geschrieben, es
öffentlich ausgehängt und sei dann eiligst aus der Stadt
verschwunden, um einer Bestrafung zu entgehen.

Aretino, dem in späteren Jahren solche Gerüchte oft zu
Ohren kamen, ging darauf meist gar nicht ein oder machte
sich darüber lustig. Er selbst begründete seinen Drang in
die Welt mit seinem Interesse an neuen und wichtigen Le-
benserfahrungen, die man nicht alle nur zu Hause machen
könne: »Es ist eine Glückseligkeit, davonzugehen, um seinem Schicksal fern von der Heimat nachzujagen«, schrieb
er später über seinen Weggang von Arezzo. »Wer das nicht
glaubt, der sehe nur mich an, der ich etwas geworden bin,
was ich sonst nie geworden wäre.«

Aber die anonyme Biographie entwarf ein ausschließlich
negativ gefärbtes Bild von Aretino. Nachdem er Arezzo
heimlich verlassen habe, so hieß es, sei er nach Perugia ge-
gangen. Von dort habe er aber auch bald wieder fliehen
müssen, weil er in einer Kapelle ein Bild geschändet habe,
das die klagende Magdalena unter dem Kreuz darstellte:
Pietro, der anscheinend leidlich malen konnte, habe mit
Pinsel und Farbe der Trauernden, die in Verzweiflung ihre
Arme ausbreitete, eine Mandoline in die Hände gegeben
und sie damit als Straßendirne lächerlich machen wollen.

Richtig an dieser Geschichte ist vermutlich nur, daß
Aretino eine gewisse Begabung für Malerei hatte und sich
tatsächlich eine Zeitlang in Perugia aufhielt, wo er möglicherweise eine Buchbinderlehre machte. Er selbst berichtete später, daß er in Perugia »erzogen« worden sei. Die Stadt
Perugia sei der Garten gewesen, in dem seine Jugend ge-
blüht habe; er habe dort immer in der Hoffnung auf Glück
gelebt, und diese Stadt sei seine wahre Heimat geworden.

Anscheinend war Aretino sich zunächst nicht darüber klar, ob er als Maler oder eher als Schriftsteller sein Geld verdienen könnte. Daß er sich für eine Doppelbegabung hielt, geht aus dem Titel seines ersten kleinen Gedichtbandes hervor, den er mit zwanzig Jahren veröffentlichte. Das Bändchen *Neue Werke des höchst fruchtbaren Malers Pietro Aretino* erschien im Jahre 1512 in Venedig.

Das kleine Buch mit dem vielversprechenden Titel wurde allerdings kein Verkaufserfolg, denn Aretino hielt sich an keine der üblichen literarischen Regeln, was der hoffnungsvolle Künstler mit seiner lückenhaften Schulbildung rechtfertigte. Seinen Mangel an Gelehrsamkeit schien er allmählich regelrecht zu kultivieren, weil ihm dadurch, wie er glaubte, der gute Kontakt zur anschaulichen Ausdrucksweise des Volkes erhalten bliebe. »Die Dienerin des Ruhmes beleuchtet meinen Namen nur mit einer Talgkerze und nicht mit einer Fackel, denn meine Ignoranz liegt ja auf der Hand«, schrieb er einmal, anscheinend zerknirscht; er habe schließlich in der Schule nur das ABC gelernt und verdiene Nachsicht, wenn er schlechte Verse mache. Doch nach dieser vorübergehend kritischen Selbsteinschätzung griff Aretino umgehend seine Lieblingsfeinde an, die humanistischen Dichter und Gelehrten, die sich ausschließlich über die Kunst der Griechen und Römer den Kopf zerbrächen, immer alles besser wüßten und ihre höchste Lust in grammatikalischer Haarspalterei fänden.

Um solche »Geduld des Sitzfleisches«, wie er es verächtlich nannte, bemühte sich Aretino nicht. »Ich lache über die Pedanten«, schrieb er, »die sich einbilden, die ganze Bildung beruhe nur auf der griechischen und der lateinischen Sprache, und die behaupten, wer diese nicht verstehe, könne überhaupt nicht mitreden. Ich trage das Gesicht meines Geistes ohne Maske, und wenn ich auch kein Jota weiß, kann ich doch den Gelehrtesten zur Lehre dienen.«

Aretino brillierte mit seiner Improvisationsgabe. Sein

Ehrgeiz war es, schnell und originell zu formulieren, und er rühmte sich seiner Natur, die »alle zwei Stunden ihre Erzeugnisse von sich geben« könne. Wenn er nur ein Drittel der Zeit, die er für andere Dinge verwende, auf literarische Tätigkeit konzentrieren würde, schrieb er in einem Brief aus Venedig, dann würde er sämtliche Druckereien der Lagunenstadt mit der Publikation seiner Werke beschäftigen.

Mit dem Wunsch nach Literaten- und Malerruhm hatte Aretino das heimatliche Arezzo (das schon Berühmtheiten wie den Kunstförderer Maecenas, den Dichter Petrarca und den Kunsthistoriker Vasari hervorgebracht hatte) verlassen. Ob er tatsächlich, wie anonyme Berichte wissen wollten, mit achtzehn Jahren als Marktschreier durch die Lombardei gezogen, in Vicenza als Bänkelsänger aufgetreten und als Schankgehilfe bei einem Gastwirt in Bologna beschäftigt war, ist nicht verbürgt, hätte aber seinem Ruf wohl kaum geschadet. Ebensowenig läßt sich nachweisen, daß Aretino, wie manche Quellen angeben, als Bettelmönch umhergezogen und als Gehilfe eines jüdischen Geldverleihers tätig gewesen sei, daß er sich zeitweise als Henkersknecht und manchmal auch als Lustknabe wohlhabender Herren verdingt habe. Daß er aber als frivoler Spaßmacher am Hofe Papst Leos X. gern gesehen und mit dem berühmten Söldnerführer Giovanni de' Medici eng befreundet war, ist durch Briefe eindeutig belegt.

Sowohl in den anonymen als auch in namentlich gezeichneten Berichten über Aretinos Jugendjahre mischen sich Dichtung und Wahrheit auf kaum trennbare Weise – man traute Pietro Aretino offenbar so ziemlich alles zu.

Als verläßlichste Quelle wird von namhaften Aretino-Forschern wie Johannes Hösle oder Christopher Cairns immer noch die außerordentlich faktenreiche Aretino-Biographie von Gianmaria Mazzuchelli aus dem Jahre 1763 bewertet.

Um seine tatsächlichen Talente auf längere Dauer finanziell nutzbringend und prestigefördernd einsetzen zu können, mußte Aretino, wie andere begabte junge Leute auch, sich nach einem zahlungskräftigen Mäzen umsehen, der seine Begabung erkannte und bereit war, ihn, wenn auch vor allem zum eigenen Amüsement, möglichst lange materiell zu unterstützen.

Als großzügiger Gönner von Malern und Literaten war damals in Rom vor allem der Bankier Agostino Chigi bekannt. In der prächtigen Villa Farnesina sammelte Chigi, der auch als spendabler Gastgeber für Päpste, Kardinäle und Kurtisanen galt, bekannte und unbekannte Künstler um sich, die ihm und seinen Gästen mit Phantasie die Zeit vertrieben.

Agostino Chigi war in Siena als Sohn eines Bankkaufmanns geboren, lebte aber damals schon mehr als dreißig Jahre lang in Rom und hatte dort eine Niederlassung des väterlichen Bankhauses zu einem blühenden Unternehmen ausgebaut. Zunächst eroberte er sich, gegen die Konkurrenz aus Venedig, Genua, Florenz und Neapel, einen festen Platz in der päpstlichen Residenz. Nach und nach gelang es ihm dann durch kaufmännisches Geschick, den Getreidehandel in Rom zu kontrollieren und die päpstlichen und neapolitanischen Salz- und Alaunlager rationell auszubeuten. Er tat das mit Hilfe von Gastarbeitern aus der Türkei, die für wenig Geld arbeiteten. Auf diese Weise brachte Chigi es zu einem außergewöhnlichen Wohlstand, kaufte kleinere Konkurrenzunternehmen auf und wurde der maßgebliche Finanzberater der päpstlichen Kurie. Nicht weniger als vier Päpste, unter ihnen auch Leo X., nahmen die finanzielle Hilfe des schwerreichen Bankiers in Anspruch.

Chigis Handelsverbindungen zogen sich durch viele Länder, mit Vertretungen in London, Alexandria, Konstantinopel und Lyon. Er besaß eine Flotte von hundert Schiffen, Paläste und riesige Grundstücke, Gestüte, Weinberge und

Landhäuser und beschäftigte mehr als zwanzigtausend Menschen. Sein privates Leben als Kunstfreund und Mäzen verbrachte er vorwiegend in seinem Palast am Tiber, der von prächtigen Gartenanlagen umgeben war; dieser Villenbau wurde nach seinem späteren Besitzer, dem Kardinal Alessandro Farnese, als ›Farnesina‹ bekannt.

In Chigis Palast traf sich alles, was in Rom Rang und Namen hatte. Geistliche und weltliche Fürsten genossen hier die großen Bankette, von denen am folgenden Tag die ganze Stadt sprach, und promenierten durch den Garten mit seinen Lorbeerhecken, Limonen- und Granatapfelbäumen und den antiken und neuen Marmor- und Bronzeskulpturen. Die bedeutendsten Künstler der Zeit – wie Raffael, Giulio Romano oder Sebastiano del Piombo – malten die Wände und Decken der großen Säle aus, und bekannte Literaten – wie der Geschichtsschreiber Paolo Giovio, der Komödienautor Bernardo Bibbiena und der Dichter Pietro Bembo – waren hier ständige Gäste, die für geistvolle Unterhaltung sorgten.

Wie es Aretino gelang, in Chigis Haus Fuß zu fassen, ist nirgends vermerkt. Aus seinen Briefen geht lediglich hervor, daß er 1516, mit vierundzwanzig Jahren, Perugia verließ und sich auf den Weg nach Rom machte, »auf die Bühne der Welt«, um dort sein Glück zu suchen. Sicher ist auch, daß Aretino in kürzester Zeit durch frechen Witz und überschwengliche Lobeshymnen auf seinen Gönner von sich reden machte und bald den Neid von Konkurrenten erregte, die sich mit ähnlichen Mitteln, aber geringerem Erfolg ein bequemes Leben zu sichern hofften.

Der Aufenthalt im Hause des Bankiers Chigi war für Aretino in mehrfacher Hinsicht vorteilhaft: Sein Lebensunterhalt war für eine Weile gesichert, sein Talent konnte er täglich unter Beweis stellen und sich damit für die Großzügigkeit seines Gastgebers revanchieren, und gleichzeitig knüpfte er in Chigis Haus zahlreiche Kontakte, die seinem

Ruf dienlich waren. Im Palast des Bankiers lernte Aretino alle Dichter, Künstler und Gelehrten kennen, die zur damaligen Zeit in Rom eine Rolle spielten. Er befreundete sich vor allem mit Sebastiano del Piombo, mit dem er bei seinem späteren Daueraufenthalt in Venedig engen Kontakt hielt.

In ständigem Austausch mit Schriftstellern und Künstlern kompensierte Aretino seine mangelnde Buchgelehrsamkeit durch Diskussion und praktische Anschauung. Da er schnell auffaßte, sehr anpassungsfähig war und außerdem eine ungewöhnliche Begabung für das witzig treffende Wort hatte, wurde er schnell zum gesellschaftlichen Mittelpunkt. Es konnte deshalb niemanden wundern, daß sich auch ein häufiger Gast des Bankiers, der kunstsinnige und genußfreudige Papst Leo X., für den wortgewandten jungen Mann aus der Toskana interessierte und ihn schließlich an den päpstlichen Hof holte. Mißgünstige Gegner Aretinos setzten prompt die skurrile Behauptung in die Welt, Aretino sei mit Schimpf und Schande aus Chigis Palast verjagt worden, weil er seinem Mäzen eine silberne Tasse gestohlen habe.

»Im Anhäufen von Gold ein Kaufmann, im Spenden ein König«, sagte man respektvoll über Agostino Chigi. Ebenso wie Chigi galt auch der Medici-Papst Leo X. als spendabler Mäzen, war dabei aber nicht gerade ein Kaufmann im Anhäufen. Das »leoninische« Zeitalter war die Glanzperiode der italienischen Renaissance. Ob Leo X. bei seinem Amtsantritt tatsächlich, wie ein zeitgenössischer Biograph über ihn schrieb, zu seinem Bruder Giuliano de' Medici gesagt hatte:»Laßt uns das Papsttum genießen, da Gott es uns verliehen hat!« ist zwar nicht verbürgt, aber angesichts des päpstlichen Lebensstils recht wahrscheinlich. Das Hauptinteresse des äußerst lebensfrohen Papstes lag bei den Künsten, den Wissenschaften und der heiteren Geselligkeit. Sein Aufwand für die Hofhaltung – sein Haushalt umfaßte 683 Personen – und die zahlreichen Künstler, die ihn stän-

Raffael, *Papst Leo X. mit den Kardinälen Luigi de Rossi und Giulio de'Medici*, 1517/18. Florenz, Galleria degli Uffizi

dig umschwärmten, war so groß, daß er das riesige Vermögen, das ihm von seinem Vorgänger Julius II. verblieben war, innerhalb von zwei Jahren restlos ausgab.

Die Großzügigkeit des Papstes gegenüber seinen Gästen wurde von diesen in einer Form honoriert, die entscheidend für den Nachruhm Leos X. werden sollte. Der Geschichtsschreiber Paolo Giovio zum Beispiel zeichnete in seiner Lebensgeschichte des Papstes ein so ausnahmslos positives Bild, daß Leo X. wie eine kulturelle Lichtgestalt erschien. Einen noch nachhaltigeren Eindruck hinterließ das berühmte Porträt, das Raffael von Leo X. malte. Der Papst, der eigentlich ein weichliches, aufgedunsenes Gesicht, kurze Beine, einen schweren Oberkörper und einen auffällig großen Kopf hatte, der auf einem kurzen, dicken Hals saß, wurde von Raffael zu einem sinnend in die Ferne blickenden Gelehrten veredelt, dessen Hand auf einem Buch liegt. Hinter seinem Stuhl stehen zwei Kardinäle, von denen der eine, Leos Vetter Giulio de' Medici, später ebenfalls Papst werden sollte.

Mit vorsichtiger Kritik, aber nicht unfreundlich, urteilten andere Besucher des Papstes über Leo X. und seine Vorlieben. Der venezianische Gesandte Marino Giorgi charakterisierte den Papst als gutmütigen, freigebigen Mann, der jede Anstrengung scheue und in Frieden leben wolle. Er liebe die Wissenschaften, besitze gute Kenntnisse in der Literatur und im Kirchenrecht und sei ein ausgezeichneter Musiker. »Seine religiösen Verpflichtungen erfüllt er gewissenhaft«, schrieb ein anderer Gesandter über Leo, »aber er will leben und das Leben genießen. Besonders erfreut er sich an der Jagd.« Anschaulich schildert ein dritter Beobachter den Umgang des Papstes mit seinem Künstlergefolge: »Der aufdringliche Schwarm der Poeten verfolgt den Papst von Tür zu Tür, bald unter den Portiken, bald beim Spazierengehen, bald im Palast, ja, in seinen innersten Gemächern. Sie achten weder auf seine Ruhe noch auf seine ernsten Geschäfte ...«

Im Hofstaat dieses Papstes dürfte Aretino schon innerhalb kürzester Frist eine prominente Stellung eingenommen haben, zumal sich schnell herumsprach, daß dieser Mann nicht nur witzige Verse schreiben konnte, sondern sich auch detaillierte Kenntnisse über das Privatleben hochgestellter Persönlichkeiten angeeignet hatte, und daß es ratsam war, sich mit ihm nicht zu verfeinden, um nicht von ihm bloßgestellt zu werden. »Gott schütze jeden vor seiner Zunge!« wurde, auf Pietro Aretino gemünzt, in Rom ein geflügeltes Wort.

Wie zuvor bei Chigi, so heimste Aretino nun bei Papst Leo X. und seinen Gästen großen Erfolg als gewandter Unterhalter ein und genoß den Beifall seiner Verehrer wie auch die Furcht seiner Gegner. In einer Umgebung, in der es als selbstverständlich galt, sich den Wünschen der Wohlhabenden anzupassen, lernte Aretino die Technik der Schmeichelei souverän zu handhaben, behielt dabei aber Selbstkritik genug, sein eigenes Verhalten und das der anderen in satirischen Versen lächerlich zu machen.

Seinen Traum vom literarischen Ruhm hatte Aretino sich damit allerdings noch nicht erfüllt. Die Satire schien die für ihn am besten geeignete Form zu sein, sie entsprach offensichtlich seiner Weltanschauung. Und die Kenntnis menschlicher Schwächen lieferte ihm genügend Stoff, um seine Zuhörer gleichermaßen zu erheitern und unterhaltend zu informieren.

Eine besonders gute Gelegenheit für eine solche enthüllende Satire hatte sich für Aretino schon bald nach seinem Eintreffen in Rom geboten. Zwar ist nicht völlig klar, ob Aretino schon innerhalb weniger Wochen soviel Kenntnisse über das Leben der römischen Geistlichkeit sammeln konnte, um daraus ein treffsicheres Stück Prosa zu machen. Aber der freche Angriff, um den es hier geht, trug so deutlich die Handschrift Aretinos, daß er allgemein als die erste Probe des künftigen Satirikers betrachtet wird.

Im Juni 1516 starb das Lieblingstier des Papstes, ein Elefant, den der portugiesische König Manuel I. ihm geschenkt hatte. Um den Papst über diesen Verlust hinwegzutrösten, verfaßte Aretino einen sehr witzigen Prosatext, in dem unterstellt wird, der Elefant habe einen Letzten Willen hinterlassen. *Das Testament des Elefanten* war eine Hinterlassenschaft besonderer Art: Es enthielt eine präzise, teilweise sehr drastische Beschreibung aller Laster, die das Volk von Rom den kirchlichen Würdenträgern zuschrieb.

Was Aretino binnen kurzem an intimen Details in Erfahrung gebracht hatte, war manchen Kennern der päpstlichen Umgebung sicher schon vertraut gewesen. Aber Aretino lüftete den Schleier auch für alle übrigen, sprach offen aus, was viele nicht zu sagen wagten, und brachte seine Enthüllungen schriftlich in Umlauf. So konnte jeder des Lesens Kundige erfahren, welcher Kardinal in den Bordellen von Rom oder Florenz ein gerngesehener Gast war, welcher Bischof sich in betrügerische Geldgeschäfte verwickelt hatte und welcher fromme Kirchenmann einen großen Teil seiner Zeit mit hübschen Knaben verbrachte. Leo X., dem nichts Menschliches fremd war, amüsierte sich.

Doch mit dem sorglosen Lebensgenuß war es für alle Beteiligten jäh vorbei, als Papst Leo X. im Dezember 1521 im Alter von knapp sechsundvierzig Jahren unerwartet starb. Sämtliche Künstler und Literaten, die bislang mehr oder weniger ausschließlich vom päpstlichen Hof gelebt hatten, sahen sich plötzlich in einer existenzbedrohenden Lage. Denn daß ihr Leben unter der Herrschaft eines neuen Papstes ähnlich gesichert verlaufen würde wie bisher, war keinesfalls garantiert. Alles kam darauf an, wie Leos X. Nachfolger auf dem Stuhl Petri seine künftigen Aufgaben angehen und welches Interesse er an Kunst, Literatur und Geselligkeit zeigen würde. In dieser Hinsicht sollten die ehemaligen Dauergäste des musisch eingestellten verstorbenen Papstes eine böse Überraschung erleben.

Für Aretino bedeutete der plötzliche Tod Leos X. zwar ebenfalls einen Schock. Aber der einstige Unbekannte aus Arezzo, inzwischen neunundzwanzig Jahre alt und im päpstlichen Umkreis als scharfzüngiger Beobachter seiner Mitwelt gefürchtet, begriff die unversehens veränderte Situation als günstige Gelegenheit, sich vor einer breiteren Öffentlichkeit literarisch und politisch zu profilieren. Die Voraussetzungen dazu waren für Aretino denkbar günstig.

Die Stunde des Journalisten

Die Ursache für den plötzlichen Tod Leos X. wurde nie genau bekannt. Es hieß, er habe im Kardinalskollegium mehr Gegner als jene vier gehabt, die ein Komplott gegen ihn geplant hatten, das der Papst gerade noch rechtzeitig aufdecken konnte. Leo starb, wie verlautete, an einer rätselhaften fiebrigen Erkrankung; man munkelte sogar, er sei vergiftet worden. Denn noch wenige Tage zuvor war der Papst, der gerade Parma und Piacenza für den Kirchenstaat erobert hatte, feierlich in Rom eingezogen und hatte keinerlei Anzeichen für eine lebensbedrohliche Krankheit gezeigt.

Nie sei ein Papst mit schlimmerem Ruf gestorben, stellte der venezianische Geschichtsschreiber Marino Sanudo fest, der damals die römische Szenerie beobachtete und den Spott über den verstorbenen Medici-Papst aufmerksam registrierte. Leo X. sei wie ein Fuchs hervorgekommen, habe wie ein Löwe geherrscht und sei wie ein Hund verendet, hieß es in einem Vers, der im Volk die Runde machte. In der Tat war Leo elend gestorben; nur ein Hofnarr sei in seiner letzten Stunde bei ihm gewesen, erzählte man sich. Auch die Leichenfeier war alles andere als glanzvoll. Für das Begräbnis des Papstes konnten nicht einmal Kerzen besorgt werden, weil kein Geld mehr vorhanden war. Man behalf sich deshalb mit dem Rest an Wachskerzen, die für einen kürzlich verstorbenen Kardinal gekauft worden waren. Und nach einer knappen Leichenrede wurde Leo X. in einem unscheinbaren Grab im Petersdom beigesetzt.

Das unerwartete Ableben des großzügigen Kirchenfürsten hatte dagegen eine niederschmetternde Wirkung auf die Künstler und Literaten am päpstlichen Hof. Der Historiker Paolo Giovio, der eine Biographie Leos X. verfaßte, kam zu dem emphatischen Schluß, daß dieser außerordentliche Papst zum Heil des Menschengeschlechts das Goldene Zeitalter geschaffen habe; jetzt werde das Eiserne Zeitalter anbrechen. Über Leos Schattenseiten wurde lange Zeit geschwiegen, und die Epoche, die man nach ihm benannte, wurde von seinen Anhängern zur Glanzperiode der italienischen Renaissance verklärt.

So nachteilig der Tod seines Gönners für Aretino auf den ersten Blick sein mochte, hatte er doch unerwartet positive Folgen für die weitere Laufbahn des ehrgeizigen Satirikers. Denn mit diesem Ereignis und seinen Konsequenzen begann Aretinos Karriere als Sprachrohr der Volksmeinung.

In der Nähe der Piazza Navona, an der Nordwestecke des Palazzo Braschi, stand seit dem Jahre 1501 eine lädierte Statue, die allgemein als »Pasquino« bekannt war. Pasquino war eigentlich der Name eines römischen Schullehrers – andere Berichte sprechen von einem Schneidermeister –, der ein obrigkeitskritischer Mann war. Er besaß außerdem die Fähigkeit, kleine Bosheiten gegen mißliebige Politiker in die Form lateinischer Epigramme zu kleiden. Zu Lebzeiten soll er mit seiner Kritik ungeschoren davongekommen sein; aber als er starb, ließen die Stadtbehörden, wahrscheinlich um die Erinnerung an ihn auszulöschen, sein Haus abreißen. Dabei entdeckte man, daß die Türschwelle kein einfacher Stein, sondern der Rücken einer antiken Skulptur war. Die verstümmelte Statue wurde aufgestellt, und wenig später, so heißt es, trug der Torso einen frechen lateinischen Vers, von anonymer Hand angeheftet. Der »Pasquino« war also wieder am Leben und wurde seitdem, vor allem von Gymnasiasten, oft mit Spottversen beklebt.

Doch der Torso blieb nicht nur eine Art Anschlagsäule für

Schülerspäße, sondern entwickelte sich allmählich zu einem politischen Stimmungsbarometer. Ereignisse, die allgemeines Interesse gefunden, oder Personen, die bei der römischen Bevölkerung Unwillen hervorgerufen hatten, wurden am Pasquino, an den Säulen der Peterskirche oder an anderen vielbesuchten Örtlichkeiten mit entsprechenden Kommentaren bedacht.

Aretino bezeichnete den Pasquino als den »Meister einer klaren und freien Wahrheit« in Rom, der den weltlichen und geistlichen Herren Zügel angelegt habe. Und in Aretinos Dialog *Die sprechenden Karten* aus dem Jahre 1543 heißt es, unter allen Meistern der Künste, die von Menschenhand und Menschengeist hervorgebracht werden, sei nur der Pasquino völlig unbestechlich. Er sage deutlich, wenn jemand für ein Amt nicht tauge, wenn jemand Wucherzinsen nehme, eine verbotene Liebschaft habe oder zu sehr dem Wein ergeben sei.

Papst Leo X. war am 1. Dezember 1521 gestorben. Am 27. Dezember trat das Konklave zusammen, um einen Nachfolger zu wählen. Aber erst zwei Wochen später, am 9. Januar 1522, stand endlich der Name des neuen Papstes fest. Die ungewöhnlich lange Zeit, die die hinter verschlossenen Türen beratenden Kardinäle brauchten, um sich auf einen Kandidaten zu einigen, bot Aretino eine glänzende Gelegenheit, sowohl seine Kenntnis intimer Details als auch sein satirisches Talent in aller Öffentlichkeit auszuspielen. Viele Kardinäle waren alles andere als moralische Vorbilder, und die spöttische Kritik fand hier ein weites Feld. Hinzu kam, daß unter den Kardinälen ein heftiger Streit zwischen den Anhängern Kaiser Karls V. und denen des französischen Königs Franz I. im Gange war und kaum eine Einigung in Sicht zu sein schien.

Schon bald wurden auf den Straßen die ersten Spottverse laut, und man begann sich über die Geistlichen lustig zu machen. Selbst ein so ernsthafter Mann wie Graf Baldassare

Castiglione meinte scherzhaft, die Kardinäle hätten nun schon so oft die Bitte »Komm, heiliger Geist« gesungen, daß sie inzwischen allesamt heiser sein müßten. Und eine stadtbekannte Kurtisane erklärte sich bereit, drei Nächte mit demjenigen zu verbringen, der ihr hundert Dukaten zahle für den Fall, daß sie den Namen des künftigen Papstes errate. Sollte sie sich aber bei ihrer Voraussage irren, dann dürfe der Kunde die drei Nächte kostenfrei mit ihr zusammensein.

Die erwartungsvoll gespannte Atmosphäre, in der Gerüchte, Klatsch und üble Nachrede blühten, war ein denkbar günstiger Nährboden für Aretinos zungengewandte Selbstdarstellung und seine Lust an der Enthüllung. Sofort übernahm er die Rolle des Pasquino.

In einundfünfzig bissigen Sonetten führte der Kenner des vatikanischen Intrigenlebens die Charaktere der geistlichen Würdenträger vor. Wie auf einem Marktplatz versteigerte der Pasquino die einzelnen Kardinäle namentlich und nannte dabei ihre Laster und Schwächen. Bestechlichkeit, Sodomie, Vetternwirtschaft waren nur einige der Vorwürfe, die bislang bloß Eingeweihten bekannt waren, aber jetzt an die breite Öffentlichkeit getragen wurden.

Pasquino-Aretino baute seine gereimten Anklagen dramaturgisch geschickt auf, um eine breite Wirkung zu erzielen. In den ersten Sonetten schildert er die umherschwirrenden Gerüchte, charakterisiert knapp die einzelnen Papst-Kandidaten und erwägt ihre Chancen, indem er Marktschreier parodiert, die ihre Ware meistbietend veräußern wollen. Nach und nach werden seine kleinen aggressiven Bemerkungen zu konzentrierten Angriffen, die sich zunehmend steigern. So wird zum Beispiel der Kardinal Colonna aufs Korn genommen, indem seine Fehler und Vergehen mit denen der übrigen Papstanwärter verglichen werden, und dabei kommen auch gleich die Sünden der anderen zur Sprache. Colonna sei, so heißt es, noch ein bißchen verbrecherischer als der Kandidat aus Bologna, praktiziere auch ein bißchen mehr Unzucht als Kardinal Monte, habe ein paar Morde mehr auf dem Gewissen als Kardinal Soderino und wolle dennoch allen Ernstes Papst werden – »und darüber sollte der arme Pasquino nicht lachen?« fragt der Autor im zehnten Sonett mit koketter Verzweiflung. Als Stellvertreter Christi auf Erden schien von diesen Herren wirklich niemand geeignet zu sein.

Tatsächlich war die Kirchenführung moralisch wie finanziell in einem desolaten Zustand. Viele Kardinäle waren völlig verweltlicht, und die meisten Angriffe des Pasquino trafen ins Schwarze. In bezug auf die künftige Vatikan-Politik war das Kardinalskollegium ähnlich zerrissen wie das damalige Italien. Den kaiserlich gesinnten Kardinälen standen die französisch gesinnten gegenüber, und die unentschiedenen warteten auf günstige Angebote von beiden großen Gruppen, um in das Lager derer einzuschwenken, aus dem der größere Vorteil zu erwarten war. Die materielle Lage schien hoffnungslos. Der Vatikan war so verarmt, daß die Kardinäle sich entschließen mußten, für wichtige Ausgaben auch noch die letzten Schätze, wie etwa die Tapeten Raffaels, zu verpfänden. »Man kann sich keine Vorstellung von der Armut und Not im Kardinalskollegium machen«, berichtete Castiglione dem Markgrafen von Mantua, dessen Gesandter in Rom er damals war. »Wenn ich sagen würde, wie es ist, würde es niemand glauben.«

Der Pasquino hatte also reichlich Gelegenheit, die lange Beratungszeit der Konklavisten zu nutzen, um die einzelnen Mitglieder der geschlossenen Gesellschaft gebührend abzukanzeln. Für den einen, so lästerte er, stimmten »nur Huren und Zuhälter«, für einen anderen »nur die Toten«; ein dritter versuche, mit Bestechung seine Wahl durchzusetzen, und für einen vierten werde sich überhaupt keine Stimme finden, weil »sein Steiß klüger als sein Kopf« sei. Täglich war die Pasquino-Figur ungestraft mit neuen

Schmähungen bedeckt, und selbstbewußt stellte Aretino in einem seiner Sonette fest: »Jeder sagt: Ich staune, daß das Kardinalskollegium den Pietro Aretino nicht zum Schweigen bringen kann.«

Keiner der mächtigen Kardinäle, die im Konklave versammelt waren, kam ohne satirische Hiebe davon – bis auf einen einzigen, der von Pasquino offensichtlich geschont wurde: Giulio de' Medici. Von diesem erhoffte sich Aretino eine Fortsetzung des genußvollen Lebens am päpstlichen Hof.

Giulio, der Vetter des verstorbenen Medici-Papstes, stand an der Spitze der kaiserlich gesinnten Kardinäle. Von Leo X. mit politischen Führungsaufgaben betraut und mit engen Verbindungen zu Florenz, war Giulio de' Medici ein angesehener Mann, dem große Chancen eingeräumt wurden, die Nachfolge Leos anzutreten. Der Pasquino sang Giulios Lob und machte seine Konkurrenten lächerlich.

Aber diesmal hatte sich Aretino verrechnet. Nicht Giulio de' Medici wurde Nachfolger von Leo X., sondern überraschenderweise der flämisch-deutsche Kardinal von Tortosa, der zur Zeit der Papstwahl noch in Spanien war.

Ein venezianischer Beobachter, Francesco Maredini, hielt die Eindrücke des Wahltages schriftlich fest. Kaum jemand hatte an diesem Tag mit der Entscheidung gerechnet. Wie in den zwei Wochen zuvor hatte eine große Volksmenge den Vatikan umlagert, und außer den Schweizer Gardisten waren noch 1500 Mann aufgeboten worden, um für Ruhe und Ordnung zu sorgen. Dann wurde plötzlich das Konklavefenster aufgestoßen, und der älteste Diakon, Kardinal Cornaro, rief den Namen des Gewählten hinaus. Da er aber eine schwache Stimme hatte, wurde er nicht verstanden, und es entstand eine große Unruhe unter den draußen Wartenden. Maredini wollte in die Peterskirche laufen, weil dort der neue Papst ja gleich erscheinen mußte. Aber schon an der Treppe der Basilika hörte er von zwei Kardinälen, daß man einen Ausländer gewählt habe, der noch gar nicht in Rom sei. Höflinge, die das mithörten, fingen an zu lamentieren und zu fluchen, es werde ja mindestens sechs Monate dauern, bis der neu gewählte Papst in Rom eintreffe, und in dieser langen Zeit würden sie gänzlich ohne Einkommen sein. Und womöglich werde der flämische Papst nur seine Landsleute einstellen wollen oder sogar ganz in Spanien bleiben. »Keiner freut sich, alle jammern«, konstatierte der Venezianer.

Aber auch viele Kardinäle schienen keineswegs glücklich über die Wahl zu sein. Ein anderer Beobachter, ein Freund des Dichters Antonio Tebaldeo, der gleich nach der Verkündigung der Entscheidung das Konklave betrat, schilderte seinen Eindruck: »Ich glaubte, Geister aus der Vorhölle vor mir zu haben, so bleiche und entsetzte Gesichter sah ich. Fast alle sind unzufrieden und bereuen schon, einen Unbekannten, einen Barbaren und Hofmeister des Kaisers gewählt zu haben.« Und der venezianische Gesandte Luigi Gradenigo bemerkte nach der Wahl, die Kardinäle hätten »wie tot« gewirkt. Als sie nachmittags das Konklave verließen, wurden sie von der wartenden Menge mit Gebrüll und Pfiffen empfangen. »Warum habt ihr nicht einen aus eurer Mitte gewählt?« schrien die Menschen wütend, und die Kardinäle konnten froh sein, ihre Paläste mit heiler Haut zu erreichen.

Die erneute Wartezeit und die Unsicherheit darüber, wie der neue Papst sein Amt ausüben würde, gaben Aretino weitere Möglichkeiten zu derben Angriffen auf alle Beteiligten. Die Kardinäle wurden als Verräter am Blute Christi beschimpft, weil sie den Vatikan der deutschen Willkür ausgeliefert hätten. Der neue Papst wurde als »holländisch-deutscher Barbar« geschmäht und der Trunksucht bezichtigt, ein Laster, das die Italiener den Deutschen ohnehin gern unterstellten. Da viele Römer fürchteten, der Papst werde den Sitz der Kurie nach Spanien verlegen, wurde an

den Vatikanspalast ein Zettel geheftet, auf dem der spöttische Hinweis stand: »Dieser Palast ist zu vermieten.«

Aretinos große Zeit war angebrochen. Er führte das Wort
als »Pasquinos Kanzler«, und eine große Schar von Literaten stimmte in seine Schimpftiraden gegen die Kardinäle
und den neugewählten Papst, diesen »flämischen Schul-
meister«, ein, der »durch das Los und göttliche Stupidität«
nun den Platz des großzügig denkenden und schenkenden
Medici-Papstes Leo X. einnehmen sollte.

Der neue Papst, das hatten Aretino und seine publizistischen Hilfskräfte zu diesem Zeitpunkt vielleicht schon erfahren, war das krasse Gegenteil seines spendierfreudigen
Vorgängers. Adryan Florisze oder Florensz aus Utrecht
stammte, im Gegensatz zu Leo, aus einfachen Verhältnissen. Sein Vater war Zimmermann, und der Sohn hatte sich
aus eigener Kraft, mit Intelligenz, tiefer Frömmigkeit und intensiver Arbeit, die Position geschaffen, die ihn zum Nachfolger des verstorbenen Kirchenoberhauptes befähigte. Als
Hadrian VI. begann der neue Papst ein strenges Regiment.

Hadrian war ein sehr ernsthafter, gelehrter, karg lebender
Mann, der den Schuldenberg seines leichtlebigen Vorgängers dadurch abzutragen hoffte, daß er sämtliche Ausgaben
auf ein absolutes Minimum zusammenstrich, allen zeremo-
niellen Pomp verbot und für sich selbst keinerlei Aufwand
duldete. Schon bei seiner Ankunft in Italien hatte er das Signal für den neuen Kurs gegeben. Als ihm beim feierlichen
Empfang in Livorno die Kardinäle zu seinen Ehren mit
spanischen Hüten und Waffen entgegenkamen, tadelte er
sie wegen ihres weltlichen Aufzugs. Und als man ihm das
kostbare Silbergeschirr, das die festliche Tafel im Kastell
schmückte, zum Geschenk machen wollte, wies er es mit
den Worten zurück: »Hier treten ja die Kardinäle wie Könige auf. Erwerbt Euch lieber Schätze für den Himmel!« Auch
den Triumphbogen, den Rom ihm errichten wollte, lehnte
er energisch als »heidnischen Prunk« ab.

Rom wurde zu dieser Zeit wieder einmal von der Pest heimgesucht, und viele Menschen waren bereits an der Seuche gestorben. Wer irgend konnte, verließ in diesen heißen Augusttagen die Stadt. Auch viele geistliche Würdenträger brachten sich in Sicherheit, und Baldassare Castiglione verglich Rom mit einer ausgeraubten Abtei. »Von zehn Personen, denen man begegnet«, schrieb er, »tragen acht das Zeichen der Pest. Nur wenige Menschen sind zurückgeblieben. Ich fürchte, daß Gott die Einwohner dieser Stadt vernichten will. Von den Totengräbern, Priestern und Ärzten sind die meisten gestorben. Wer keine Angehörigen hat, wird kaum noch beerdigt.« Erst mit dem Beginn der kalten Jahreszeit ließ die Pest allmählich nach.

Daß der Einzug Hadrians VI. in Rom mit der Pest zusammenfiel, trübte das Bild des neuen Papstes in den Augen seiner Gegner noch mehr. Und Hadrian ließ keinen Zweifel daran, daß er mit dem bisherigen Lotterleben vieler Geistlicher und natürlich auch mit dem Schmarotzertum vieler Nichtstuer radikal aufräumen wollte. Priester durften keine Bärte mehr tragen, weil sie sonst Soldaten ähnlich sähen. Das Waffentragen in der Stadt wurde unter Androhung schwerer Strafen verboten. Und Huren wurden ganz aus der Stadt verbannt.

Mit solchen Anweisungen machte sich Hadrian schon in den ersten Wochen seiner Amtszeit als »Barbar« derart unbeliebt, daß man in Rom wohl den Eindruck bekommen konnte, der Pasquino habe mit seinen Schmähungen geradezu hellseherische Fähigkeiten bewiesen. »Rom ist nicht mehr Rom«, klagte der venezianische Gesandte Girolamo Negri. »Einer Pest entronnen, sind wir in eine noch schlimmere geraten. Dieser Papst kennt niemanden. Man hört nichts von Gnadenerweisen. Alle Welt ist in Verzweiflung.« Und der mantuanische Agent Alessandro Gabioneta schrieb bedauernd: »Rom ist völlig umgewandelt, der Glanz des Vatikans ist dahin. Dort, wo sonst das lebhafteste Treiben herrschte, sieht man jetzt fast niemanden mehr aus und eingehen.«

Hadrian VI. war den Römern so fremd wie sie ihm. Bestechung, Begünstigung im Amt oder Vetternwirtschaft, die bisher bei führenden Persönlichkeiten in Rom als selbstverständlich gegolten hatten, waren für den neuen Papst völlig undenkbar. Hadrian war fest entschlossen, das sittlich heruntergekommene Rom zu reformieren. Zu diesem Zweck umgab er sich, wie der Pasquino schon befürchtet hatte, vor allem mit vertrauten Landsleuten und wählte nur einige wenige römische Geistliche zu seiner Unterstützung aus. Die Niederländer, die Hadrian mitgebracht hatte, wurden von den enttäuschten Literaten unverzüglich mit Hohn bedacht und als »stupide Menschen, wie aus Stein« beschimpft. Die fremdländischen Namen, die in italienischen Ohren hart und unmusikalisch klangen, forderten das abfällige Gelächter der Poeten heraus. Den Namen des Hadrian-Freundes Kardinal Enkevoirt verballhornte man zu »Trinkeforte«, und Francesco Berni spottete: »Kopisch und Winkel und Görtz und Trinkeforte – mit solchen Namen kann man Hunde in die Flucht jagen!«

Auf die Römer wirkte Hadrian als kalter, nüchterner Nordländer, nicht nur, weil er ernsthaft arbeitete und klösterlich lebte. Im Vergleich zu seinem Vorgänger fiel besonders auf, daß der neue Papst keinen Sinn für Kunst hatte. Die antiken Skulpturen waren für ihn lediglich Überreste aus heidnischen Zeiten. Hadrian ließ sogar alle Zugänge des Belvedere, die sonst immer geöffnet waren, zumauern, bis auf einen einzigen, zu dem er allein den Schlüssel hatte. Auch die berühmte Laokoon-Gruppe hatte er abschätzig unter die »heidnischen Götzenbilder« eingereiht. Und sein angeblicher Ausspruch, die Sixtinische Kapelle wirke auf ihn »wie ein Badezimmer für Nackte« machte in Rom schnell die Runde und rief allgemeine Empörung hervor.

Zu Hadrians Ehrenrettung muß allerdings gesagt werden, daß er wenigstens Raffaels Tapeten wieder einlöste und sie, am Jahrestag seiner Krönung, in der Sixtinischen Kapelle ausstellte. Auch den Neubau von Sankt Peter wollte er fortführen, selbst wenn dabei wohl eher das religiöse als das künstlerische Interesse entscheidend war. Für weitere Kunstaufträge wäre außerdem gar kein Geld dagewesen.

Mit eiserner Konsequenz hielt sich Hadrian auch in seinem engeren Bereich an seine Sparpläne. Den Hofstaat und die Dienerschaft beschränkte er auf ein Minimum. Vor allem aber, und das traf Aretino und seine Kollegen in ihrer Existenz, hielt Hadrian großen Abstand zu den unterhaltsbedürftigen Unterhaltungskünstlern, die Papst Leo X. ständig umgeben hatten. Die humanistischen Schriftsteller und Dichter waren für Hadrian ein überflüssiger Kostenfaktor, der im Interesse der finanziellen Sanierung unbedingt fallengelassen werden mußte. Auch der Geschichtsschreiber Paolo Giovio verlor unter Hadrian seinen bezahlten Posten. Der Papst entschädigte ihn dafür mit einer Pfründe in Como, erklärte ihm aber dazu, die bekomme er nur, weil er »kein Poet« sei.

In kürzester Zeit hatte sich Hadrian VI. mit seinen Maßnahmen eine Menge Feinde gemacht: die verweltlichten Geistlichen, die Höflinge Leos X. und die Humanisten, die lange Zeit eine so wichtige Rolle gespielt hatten. Das Fest des Pasquino, das alljährlich am Markustag, dem 25. April, gefeiert worden war, wurde selbstverständlich auch verboten. Hadrian, der über die ununterbrochenen Schimpftiraden der von Aretino angeführten Spottverseschreiber äußerst ungehalten war, drohte sogar damit, den Pasquino und alle Pasquillanten in den Tiber werfen zu lassen, wenn er sie in die Hände bekäme. Ein kaiserlicher Gesandter dämpfte den päpstlichen Zorn kurzfristig mit dem Hinweis, daß der Pasquino im Tiber, wie die Frösche im Wasser, womöglich nur noch lauter schreien würde.

Aretino nahm allerdings die Drohung des Papstes ernst. Er verließ Rom und ging zunächst vermutlich nach Bologna, denn dort erreichte ihn der Brief eines venezianischen Freundes, der bitter beklagte, daß Aretino nicht mehr in Rom sei: »Wie schmerzlich Eure Abreise Rom berührt hat«, schrieb Andrea Grimani, »weiß Meister Pasquino, denn er hat noch kein weiteres Wort gesprochen und trägt ein Trauerkleid.«

Im Gefolge des nicht gewählten Papstkandidaten Giulio de' Medici, der nicht vergessen hatte, wie der Pasquino für seine Wahl eingetreten war, hielt Aretino sich auch einige Zeit in Florenz auf. Giulio, der Vetter des verstorbenen Medici-Papstes, schätzte Aretino als phantasievollen Unterhalter. Der Kardinal übersah dabei sicher auch die Tatsache nicht, daß Aretinos Ruf als politisch einflußreicher Literat inzwischen nicht mehr zu ignorieren war. Es war besser, ihn zum Freund als zum Gegner zu haben.

Im Februar 1523 folgte Aretino einer Einladung des Markgrafen von Mantua, Federico Gonzaga. Federico, acht Jahre jünger als der inzwischen dreißigjährige Pietro, war von Aretinos anregender Gesellschaft so begeistert, daß er Giulio de' Medici, der für ein paar Monate auf Aretino verzichten mußte, einen Dankesbrief schickte. Aretino sei ein Mann, der ihm »die größte Entspannung und das virtuoseste Vergnügen« verschaffe, schrieb Federico an den Kardinal. Er werde sich zwar bemühen, seinen Gast bald wieder nach Florenz zurückgehen zu lassen, aber wenn dieses »bald« dem Kardinal spät vorkommen sollte, sei es für ihn, Federico, immer noch viel zu früh.

Markgraf Federico, der Sohn von Isabella d'Este und Francesco Gonzaga, war ein gewandter und kultivierter junger Mann. Er hatte mehrere Jahre in Rom und anschließend am französischen Hof verbracht, war also mit den Großen seiner Zeit vertraut. Das Beispiel von Papst Leo X. und König Franz I., aber auch die traditionelle Prachtliebe des Hofs in Mantua regten den jungen Markgrafen zu einem verschwenderischen Lebensstil und zu großzügigem Mäzenatentum an. Gemeinsam mit seiner Mutter Isabella gab Federico für den Hofstaat und die ihn umgebenden Künstler ein Vermögen aus.

Aretino genoß die Gastfreundschaft des jungen Markgrafen über alle Maßen. Die Anerkennung, die er nicht nur als Pasquino, sondern auch als hochgeschätzter Gesprächspartner gebildeter Männer erfuhr, behagte ihm außerordentlich. Hochzufrieden und dabei fast treuherzig naiv legte er in einem Brief vom 1. März 1523 seinen geschmeichelten Geltungsdrang bloß:

»Ich stehe in Mantua bei dem Herrn Marchese in so hohen Gnaden, daß er Schlafen und Essen vergißt, um sich mit mir zu unterhalten; er sagt, nichts anderes bereite ihm ein so vollständiges Vergnügen. Er hat dem Kardinal Dinge über mich geschrieben, die mir wirklich auf ehrenvolle Weise nützlich sein werden, und ich werde mit dreihundert Scudi beschenkt … Der ganze Hof betet mich an, und jeder ist selig, wenn er ein paar Verse von mir bekommen kann. Alle Verse, die ich je gemacht habe, hat der Herr abschreiben lassen, und ich habe auch einige zu seinem Lob gedichtet. So also lebe ich hier, und den ganzen Tag macht er mir Geschenke, und zwar große Sachen, ihr werdet es in Arezzo sehen … In Bologna fing es an, daß man mir Geschenke machte. Der Bischof von Pisa ließ mir einen Rock aus schwarzem Atlas mit Goldstickerei anfertigen. Nie hat es einen schöneren gegeben …«

Mehr als einige Wochen hielt es Aretino allerdings nicht am Hof seines großzügigen Gönners. In der kleinen Provinzstadt wäre er ganz auf seine Rolle als Unterhalter begrenzt gewesen, und das war für seinen Ehrgeiz und sein Talent zu wenig. Hinzu kam, daß Aretino sich am Hof von Mantua vor einer möglichen Verfolgung durch Papst Hadrian nicht völlig sicher fühlen konnte. Denn Hadrian hatte bereits den Kardinal Giulio de' Medici in Florenz ersucht, ihm Aretino auszuliefern.

Aretino hatte nämlich auch von Florenz und Mantua aus seine Funktion als Pasquino wahrgenommen und in boshaften Versen Stimmung gegen den neuen Papst gemacht. Besonders verärgert dürfte Hadrian VI. über die Unterstellung gewesen sein, er habe, trotz seiner angeblichen Sittenstrenge, zu seinem erotischen Vergnügen hübsche junge Diener um sich.

Im Frühjahr 1523 wurde eine sogenannte *Beichte Mastro Pasquinos* bekannt, die in Mantua entstanden war. Als Beichtvater fungierte der Hofnarr des verstorbenen Papstes Leo X. »Geistlicher Vater, ich weiß, daß es von Übel ist, was ich beichte, und ich weiß, daß meine Sünden größer sind als die Barmherzigkeit des Papstes«, beginnt Pasquino anscheinend reuevoll sein Sündenbekenntnis. Aber das »Bekenntnis« ist eher eine Offenbarung der Sünden anderer. Mit gewohnter Unverfrorenheit greift Aretino den Papst und einige Kardinäle an und läßt den »Beichtvater« die Enthüllungen noch ergänzen:

Früher, vor der neuen Papstwahl, sei er ein Heiliger gewesen, behauptet Pasquino von sich. Aber nun habe er verbreitet, dem Papst gefielen die Pagen. Außerdem habe er sehr bedauert, daß der schwere Balken, der während der Weihnachtsmesse in der Sixtinischen Kapelle herabgestürzt sei, nur einen Schweizer Gardisten erschlagen habe. Der Beichtvater weist den Pasquino zurecht und fragt ihn, ob er denn nicht wisse, daß ganz Rom sich vor Verzweiflung aufgehängt hätte, wenn der Balken den Papst erschlagen hätte. Und er solle sich schämen zu behaupten, daß Hadrian sich Pagen halte, denn er wisse doch wohl, daß es die Kardinäle Monte und Colonna seien, die diesem Laster frönten. In dieser Tonart geht die »Beichte« weiter. Als Buße wird dem Pasquino auferlegt, er solle saufen wie ein flämischer Barbar.

Daß der Papst diese Angriffe nicht mehr dulden wollte, ist begreiflich. Nachdem er Giulio de' Medici nachdrücklich gebeten hatte, Aretino zwangsweise nach Rom bringen zu lassen, informierte der Kardinal den Markgrafen Federico über die Forderung von Papst Hadrian. Aretino mußte sich wohl oder übel eine andere Bleibe suchen. Er fand sie bei einem anderen Medici: dem draufgängerischen Söldnerführer Giovanni dalle Bande Nere in dessen Feldlager in Reggio Emilia.

Pasquino unter den Soldaten

Vermutlich auf den Rat von Kardinal Giulio de' Medici nahm Aretino nun die Verbindung zu dem Anführer der »Schwarzen Banden«, dem gefürchteten Condottiere Giovanni de' Medici, auf.

»Giovanni dalle Bande Nere«, wie er allgemein genannt wurde, war der Sohn von Caterina Sforza, die wegen ihres unbeugsamen Charakters und ihres ungewöhnlichen Muts als »erste Frau Italiens« gerühmt wurde. Ihr Kampf gegen Cesare Borgia, der sie von ihren Besitzungen Imola und Forlì vertreiben wollte (was dem machtbewußten Herzog schließlich auch gelang), hatte in ganz Italien Bewunderung hervorgerufen. Bevor sie gefangengenommen wurde, versteckte sie ihren knapp zweijährigen Sohn Giovanni bei ihrem Schwager Lorenzo. Dort war er allerdings nicht gut aufgehoben, denn Lorenzo verpraßte nicht nur das Erbe des ihm anvertrauten Jungen, sondern wollte das Kind auch nicht wieder herausgeben. Mit List holte Caterina ihren Sohn zurück und steckte ihn in Mädchenkleidern in ein Nonnenkloster, bis sie den Prozeß gegen ihren Schwager gewonnen hatte.

Eine Kämpfernatur wie seine Mutter, unterschied sich Giovanni von den übrigen Medici vor allem darin, daß er sich nicht für Kunst und Wissenschaft interessierte. Obwohl er als Kind in der Medici-Tradition erzogen wurde, war doch schon früh klar, daß Giovanni den Soldatenberuf ergreifen wollte. Er war groß und kräftig gebaut, im sportlichen Wettkampf nicht zu überwinden, dazu impulsiv und streitlustig. In Florenz begann man vor dem aufsässigen jungen Mann allmählich Angst zu bekommen. Kein Lehrer hielt es lange bei ihm aus, und Giovannis Rauflust führte schließlich dazu, daß er für eine Zeit aus der Stadt verbannt wurde.

Inzwischen hatte Papst Leo X. von den Neigungen des jungen Medici gehört und lud ihn nach Rom ein, um Giovanni mit soldatischen Aufgaben zu betrauen. Der Papst bezahlte die Schulden des ausschweifenden Neunzehnjährigen und hörte mit Interesse von den kämpferischen Erfolgen Giovannis, der sich mit einer kleinen Gruppe von Freunden immer wieder gegen größere Gruppen von Gegnern durchsetzte, Stadtwachen kampfunfähig machte und die Sprößlinge mächtiger Adelsfamilien in Angst und Schrecken versetzte. Ein so kompromißloser junger Mann konnte Leo nützlich sein.

Das bestätigte sich schon beim ersten Feldzug, den Giovanni unter der Regierung Leos unternahm. Der militärische Schlag richtete sich gegen Francesco Maria della Rovere, den der Papst aus Urbino vertrieben hatte und der jetzt sein Land wieder zurückerobern wollte. Giovanni bekam das Kommando über hundert Reiter und zeichnete sich vor allen anderen durch Kraft und Tollkühnheit so deutlich aus, daß Leo ihn von nun an gegen mehrere kleine Fürsten einsetzte, die ihm politisch unbequem wurden. Giovanni erledigte seine militärischen Aufträge mit derart rücksichtsloser Bravour, daß er sehr schnell in ganz Italien bekannt und gefürchtet wurde.

Die kleinen Kriege gegen die Fürsten von Fermo, Recanati, Fabriano und Benevent waren aber nur ein Vorgeplänkel zu den größeren kriegerischen Auseinandersetzungen, die folgten. Als der Papst sich 1521 mit Kaiser Karl V. verband, befehligte Giovanni bereits vierhundert Reiter. Ein Jahr später warb König Franz I. von Frankreich um die Dienste des erfolgreichen Söldnerführers. Er bot Giovanni zusätzlich zu

Tizian, *Karl V.*, 1548. München, Alte Pinakothek

den vierhundert Reitern viertausend Mann Fußvolk und einen persönlichen Sold von achttausend Dukaten an. Jetzt war der Medici-Feldherr eine Zeitlang Erfüllungsgehilfe des französischen Königs.

Einem Mann wie Aretino mußte eine solche unerschrockene Persönlichkeit wie Giovanni gefallen. Beide Männer entsprachen einander in mancher Hinsicht, und beide konnten einander von Nutzen sein. Innerhalb kürzester Zeit freundete sich der Söldnerführer mit dem »Condottiere der Feder«, wie Giovanni den Literaten Aretino nannte, so sehr an, daß keiner auf die Gegenwart des anderen verzichten mochte.

Mit Aretino verbanden den kämpferischen Medici vor allem die Vitalität, die Lust an der kompromißlosen Auseinandersetzung und der Mut, gegen anerkannte Autoritäten aufzutreten. Aber auch die Ruhmsucht spielte bei beiden eine große Rolle.

Schon in früheren Jahrzehnten hatten sich Söldnerführer gern mit Künstlern, Dichtern und Gelehrten umgeben, um ihre kriegerischen Taten wortreich gefeiert zu hören. Viele Condottieri träumten davon, durch Dichtung oder Malerei unsterblich zu werden wie die griechischen und römischen Helden der vorchristlichen Zeit. Dafür benötigten sie wort- und bildmächtige Künstler, die ihnen den Weg in den Olymp ebneten. Und je besser die Künstler und Dichter für diesen unschätzbaren Dienst belohnt wurden, desto lauter fiel das Lob für den siegreichen Feldherrn aus.

Obwohl Giovanni de' Medici aus einer bedeutenden Familie stammte, hatte er mit Aretino noch ein anderes Interesse gemeinsam: den Ehrgeiz, aus sich selbst eine weitgehend ungebundene Persönlichkeit zu machen. Wie Aretino war auch Giovanni abhängig von den Fürsten, die ihn bezahlten; aber die Fürsten benötigten ihn ebenso wie er sie, und jeder militärische Erfolg stärkte seine eigene Machtposition.

Giovanni war kein sorgsamer Taktiker, der seine Angriffe präzise plante und seine Truppen möglichst schonte, sondern er kämpfte draufgängerisch und erreichte seine oft spektakulären Siege durch schnelles und meist überraschendes Eingreifen. Von seinen Truppen verlangte er absoluten Gehorsam und größte Tapferkeit. Wer von seinen Soldaten ihm nicht blind folgte, wurde entweder davongejagt oder wegen Feigheit getötet. Wer als Verräter entlarvt wurde, mußte sich dem äußerst schmerzhaften Spießrutenlaufen unterziehen.

Mit einer solchen Truppe, die auf ihren Anführer völlig eingeschworen war und für ihre Erfolge gut entlohnt wurde, konnte Giovanni häufig gegen zahlenmäßig überlegene Heere gewinnen. Und ein siegreicher Feldherr war für Giovanni der größte Mann der Welt. Ein wirklich tapferer Soldat, so meinte der kampferprobte Krieger, könne nicht alt werden. Als Giovanni einmal von einem bekannten Truppenführer hörte, der vierundsiebzig Jahre alt war, sagte er abfällig: »Wenn an dem tatsächlich etwas gewesen wäre, würde er heute nicht mehr leben.«

So hart Giovanni mit Soldaten umging, die Feigheit vor dem Feind gezeigt hatten, so wenig duldete er Streitigkeiten unter seinen eigenen Leuten. Als sich zwei seiner Söldner ständig stritten, ließ er beide in eine Kammer einsperren und sagte dazu, daß nur einer diese Kammer lebend verlassen dürfe. Die Kontrahenten schlugen so heftig aufeinander ein, daß beide nur knapp mit dem Leben davonkamen. Erst dann ließ Giovanni die Tür öffnen und war sicher, daß dieses Beispiel andere Kampfhähne abschrecken würde.

Wie in anderen Lebensbereichen zur Zeit der Renaissance spielte auch beim Militär die ausgeprägte Persönlichkeit oft eine größere Rolle als die Herkunft aus einer angesehenen Familie. Ein Soldat, der sich durch Mut auszeichnete und dazu möglichst noch etwas Glück bei seinen Unternehmungen hatte, konnte zu einer Berühmtheit werden. Man kämpfte weniger für eine Idee wie das Vaterland als für sich selbst und den eigenen Ruhm. Wer berühmt war, besaß Macht, und wer Macht besaß, hatte das Recht auf seiner Seite. Zur Machtausübung eines erfolgreichen Kriegers aber gehörte ein ergebenes Heer. Giovanni dalle Bande Nere hatte sich ein solches Heer aufgebaut.

Seit dem 15. Jahrhundert waren die Anführer der italienischen Kriegstruppen selbst auch Italiener, im Unterschied zu früheren Zeiten, als zusammengewürfelte Söldnerheere unter dem Kommando von Condottieri aus aller Herren Länder standen. Jetzt liefen die Soldaten nicht wegen Streitigkeiten über die Bezahlung auseinander, sondern sie waren stolz auf einen guten Anführer und hielten ihm die Treue. Die italienischen Condottieri waren entweder Feudalherren, die über Vasallen-Mannschaften verfügten, oder Soldaten, die von Grund auf gedient hatten und allmählich Verwandte, Freunde und kampffreudige Männer um sich versammelten, aus denen sie eine schlagkräftige Truppe bilden konnten.

Die kleinen oder größeren Kampfgruppen gaben sich strenge Statuten, denen sich jeder Soldat widerspruchslos zu fügen hatte. Sie hielten fest zusammen und nannten sich nach dem Namen ihres Hauptmanns. Alles, was ein Heer bei Kämpfen eroberte, wurde nicht mehr, wie unter fremden Söldnern, miteinander geteilt, sondern der Hauptmann besoldete seine Truppe aus eigenen Mitteln und verhandelte selbständig mit Fürsten über die Bezahlung für den nächsten Kriegszug. Je erfolgreicher ein Feldherr im Kampf war, desto wohlhabender konnte er werden, denn zu seinem Sold kamen die Kriegsbeute und oft auch noch das Lösegeld für Gefangene. Ein guter Condottiere befand sich gegenüber einem Fürsten also in einer günstigen Position und konnte bei Vertragsverhandlungen hohe Forderungen stellen.

Das Vermögen eines Condottiere wuchs oft auch noch dadurch, daß ihm manche belagerte Stadt aus Angst vor Plünderung vorsorglich eine gewisse Summe anbot, um dadurch glimpflicher davonzukommen. Als Beispiel für einen ebenso kriegerisch wie kaufmännisch denkenden Söldnerführer kann der berühmte venezianische Condottiere Bartolomeo Colleoni dienen. An sein Standbild in Venedig hängte man zeitweise einen Sack und legte dem hoch zu Roß thronenden Generalissimus einen Besen in die Hand, um zu demonstrieren, daß Colleoni im Geldzusammenkehren ähnlich erfolgreich gewesen war wie im Kriegführen.

Für dichterische Gestaltung kämpferischer Großtaten gab es bei diesen verwegenen Männern reichlich Gelegenheit, und um ihren Ruhm in aller Welt zu verbreiten, luden viele Condottieri Literaten in ihre Feldlager ein. Manche Söldnerführer beschäftigten sich in ihrer freien Zeit selbst mit Literatur und ließen sich von den humanistisch gebildeten Dichtern griechische und lateinische Texte übersetzen, teils aus wirklichem Interesse, teils um wenigstens den Anschein von Gelehrsamkeit zu erwecken. Wieder andere, wie etwa Federico da Montefeltro, der spätere Herzog von Urbino, waren von Hause aus gebildete Männer und verzichteten auf die Dienste bezahlter Ruhmredner. Sigismondo Malatesta dagegen umgab sich an seinem kleinen Hof in Rimini mit zahlreichen Literaten, die seine Unsterblichkeit gewährleisten sollten. Die Dichter verherrlichten seine Kriegszüge und verschwiegen seine Schwächen. Schmeichelhafte Ruhmgedichte sorgten dafür, daß sein Name wie auch die Namen vieler anderer Söldnerführer nicht in Vergessenheit gerieten, auch wenn sich Wahrheit und Legende manchmal kaum voneinander unterscheiden ließen.

Zweihundert Jahre lang hatten die Condottieri in Italien eine bedeutende Funktion und drängten mit ihrer Macht die geistlichen und weltlichen Fürsten häufig in eine Nebenrolle. Mit Hilfe eines Söldnerheeres konnte ein Fürst zwar vieles erreichen. Er mußte sich aber andererseits auch davor hüten, daß ein Condottiere zu mächtig wurde. Es gab Söldnerführer, die sich, nachdem sie von einer Stadt ihren Sold bekommen hatten, im Auftrag einer städtischen Gegenpartei oder aus eigenem Antrieb unversehens gegen diese Stadt wendeten, um sie in ihren Besitz zu bringen. Dagegen konnte man sich nur mit Hilfe von Spionen einigermaßen schützen. So wurde beispielsweise Bartolomeo Colleoni ständig von Spionen umlauert und zeitweise sogar gefangengesetzt. Und der legendäre Condottiere Carmagnola wurde in Venedig zwischen den beiden Säulen auf der Piazzetta als Verräter enthauptet.

Von einem Vertrauensverhältnis zwischen den Condottieri und ihren unterschiedlichen Auftraggebern konnte also kaum die Rede sein. Jede Seite handelte geschäftsmäßig in ihrem eigenen Interesse und versuchte sich gegenüber dem Partner abzusichern. Oft mußten Söldnerführer ihre Familienmitglieder als Geiseln an eine Stadtregierung geben, bis sie ihre kriegerische Aufgabe erfüllt hatten. Zwischen den Regierungen und ihren Condottieri bildete sich, wie Jacob Burckhardt es formulierte, ein »über alle Maßen unmoralisches Verhältnis« aus. Burckhardt zitiert in diesem Zusammenhang eine Anekdote, die darauf hinweist, daß selbst ein Condottiere, der erfolgreich gekämpft hatte, kein ganz ungefährliches Leben führte: Einst hatten die Bürger einer Stadt – es soll Siena gemeint sein – einen Feldherrn, der sie von feindlichem Druck befreit hatte; täglich berieten sie, wie er zu belohnen sei, und urteilten, keine Belohnung, die in ihren Kräften stünde, wäre groß genug, selbst nicht, wenn sie ihn zum Herrn der Stadt machten. Endlich erhob sich einer und meinte: ›Laßt uns ihn umbringen und dann als Stadtheiligen verehren.‹ Und so sei man mit ihm verfahren …

Ein solches Schicksal erlitt Giovanni dalle Bande Nere allerdings nicht. Als Aretino ihn im Sommer 1523 in seinem Feldlager in Reggio Emilia traf, stand Giovanni auf dem

Gipfel seines Kriegsruhms und galt bei seinen Brotgebern als zuverlässiger Partner. Daß er häufig die Seiten wechselte, stand dazu nicht in Widerspruch. Wer ihn gut bezahlte, dem diente er treu. 1522 hatte er Kaiser Karl V. ordnungsgemäß den Dienst gekündigt und verbrachte nun einen Teil des Jahres 1523 in seinem Lager in Reggio Emilia. Zur Unterbrechung der Wartezeit bis zum nächsten militärischen Auftrag war ihm ein lebenslustiger und witzsprühender Gast wie der frivole Satiriker Aretino natürlich hochwillkommen.

Giovannis Aktivitäten als Anführer der Schwarzen Banden (die diesen Namen trugen, weil sie aus Trauer um den verstorbenen Papst Leo X. ihre weißen Feldzeichen durch schwarze ersetzt hatten) fielen in eine der politisch schwierigsten Zeiten Italiens. Frankreich wie Spanien bemühten sich mit Gewalt um den Besitz der italienischen Halbinsel, und die italienischen Mächte, unter ihnen auch der Papst, ergriffen bald für die eine, bald für die andere Großmacht Partei, statt sich einmütig gegen beide zu wenden.

Als Söldnerführer konnte Giovanni de' Medici zwar Italien nicht von fremden Herrschaftsgelüsten befreien. Aber er versuchte, keine der feindlichen Mächte zu groß werden zu lassen, und ließ sich deshalb zeitweise von den Kaiserlichen, zeitweise vom französischen König Franz I. unter Vertrag nehmen. Das wirkte einerseits opportunistisch, denn der Söldnerführer sah bei den wechselseitigen Verpflichtungen selbstverständlich auch auf seinen materiellen Vorteil. Andererseits gab es kluge Köpfe in Italien, die in Giovannis Handlungsweise das Heil der italienischen Halbinsel sahen: Ein Gleichgewicht der feindlichen Mächte konnte für Italien ein Schutz gegen die Fremden sein. Niccolò Machiavelli schlug sogar vor, daß der mutige Söldnerführer selbst ein großes Heer aufstellen und gegen die Fremden Krieg führen könnte. Wenn Giovanni dabei von ganz Italien unterstützt würde, könne er den Spaniern

sehr bedrohlich werden und über Krieg und Frieden mit-
entscheiden.

Aber zur Aufstellung eines italienischen Nationalheeres
kam es nicht, denn die italienischen Fürsten waren unter-
einander großenteils zerstritten, und jeder sah nur auf seinen persönlichen kurzfristigen Vorteil.

So wartete Giovanni de' Medici auf das nächste Angebot
zu militärischem Eingreifen und ließ sich von Aretino die
Zeit vertreiben. Der Soldat schätzte den Schriftsteller sicher
nicht so sehr wegen seiner vielfältigen literarischen Begabung, sondern eher wegen seines unterhaltsamen Wesens
und wegen der Kenntnisse, die Aretino sich in Rom, Florenz
und Mantua über das private Leben und Treiben der großen
Herren angeeignet hatte.

Vor allem aber sah Giovanni in Aretino eine Art »Condottiere der Feder«, einen mutigen Mann, der sich, ähnlich wie
Giovanni selbst, ohne Rücksicht auf Verluste ins Getümmel
stürzte, die Großen angriff und keiner Übermacht zu weichen bereit war. Zwischen beiden Männern entstand sehr
rasch eine enge Vertrauensbeziehung. »Nicht Freundschaft,
nein, Bruderschaft verband mich mit Eurem Vater«, sagte
Aretino später zu Giovannis Sohn Cosimo, der Herzog von
Florenz geworden war. »Ich heiterte ihn auf während seiner
Arbeit, tröstete ihn in seinen dunklen Stunden und besänf-
tigte ihn, wenn er zornig wurde. Ich war ihm Vater, Freund
und Diener.« Das ungezwungene Lagerleben in Reggio
schien Aretino mehr zu behagen als die Förmlichkeit an den
Höfen. »Was ich für Narrheiten getrieben habe, mag Euch
Gott sagen«, schrieb er an einen Freund, dem er seine erotischen Beziehungen zu Fischerstöchtern und Küchenmäg-
den andeutete. Reggio sei »Speise und Vogelleim für wilde
wie für sanfte Herzen« gewesen, und selbst Herkules hätte
hier seine Kraft gezügelt und Brot gebacken, Teller gewa-
schen und den Bratspieß gedreht.

Das einfache Leben im Feldlager seines Freundes gefiel

Aretino so sehr, daß er die ländliche Idylle vermutlich noch lange nicht verlassen hätte, wäre nicht im September 1523 die Nachricht vom Tod Papst Hadrians nach Reggio gedrungen. Nun konnte Aretino damit rechnen, daß der Weg nach Rom wieder für ihn frei sei. Für sein lebhaftes Naturell, seine scharfe Zunge und seine literarische Karriere war die große Stadt natürlich sehr viel ergiebiger als das Lagerleben mit Soldaten. Außerdem konnte Aretino sich gute Chancen für einen neuen Start am päpstlichen Hof ausrechnen, falls sein Wunschkandidat Giulio de' Medici diesmal zum Papst gewählt werden würde.

Giovanni ließ seinen Gast äußerst ungern ziehen. Die beiden Freunde konnten nicht ahnen, daß sie sich schon sehr bald wiedersehen würden.

Die »Wollüstigen Sonette«

Als Aretino in Rom eintraf, war dort die neue Papstwahl noch im Gang. Zeitgenossen berichteten, daß der Kardinal Giulio de' Medici im Konklave eine Zelle bezogen habe, über deren Eingang ein Fresko mit der Inschrift *Die Erhebung des heiligen Petrus zum Haupt der Kirche* gemalt war. Dies schien ein gutes Vorzeichen für die Kandidatur des Medici zu sein. Ein anderes Vorzeichen konnte nicht als so günstig gedeutet werden: Während die Kardinäle ins Konklave einzogen, ging über Rom ein ungewöhnlich starkes Gewitter nieder. Pessimistische Beobachter sollten mit der bösen Vorahnung recht haben, daß Rom unter der Herrschaft eines neuen Papstes schweren Zeiten entgegengehe.

Für Aretino begann der neue Start in Rom verheißungsvoll. Sein Wunschkandidat Giulio de' Medici hatte gute Chancen, diesmal zum Oberhaupt der Kirche gewählt zu werden. Zwar hatte er in den Kardinälen Colonna und Farnese starke Gegenkandidaten, und nach drei ergebnislosen Wochen sah es fast so aus, als würden die versammelten Kardinäle bis in den Winter hinein mit der Wahl beschäftigt sein. Aber der Medici-Kardinal, der bisher ganz auf der Seite des Kaisers gestanden hatte, versprach dem französischen Gesandten, er werde von nun an politisch neutral bleiben. Mit dieser Zusage, die für Italiens Zukunft bedeutsam war, konnte der Papstkandidat sich einen solchen Vorteil verschaffen, daß er nach insgesamt sieben Wochen zum neuen Papst gewählt wurde. Giulio de' Medici nahm den Namen Clemens VII. an.

Nach der Regierungszeit des kargen, strengen Papstes Hadrian begrüßte man in Rom den Wahlausgang mit Erleichterung. Denn ein neuer Medici-Papst ließ sofort die Erinnerung an Leo X. wach werden, und man erhoffte sich wieder Glanz und Großzügigkeit am päpstlichen Hof. Da Clemens VII. unter der Herrschaft seines Vetters Leo X. in Florenz ein kluges und behutsames Regiment geführt hatte, erwartete man, daß der neue Papst auch in Rom mit sicherer Hand regieren würde. Bei der feierlichen Krönungszeremonie konnte man an der Tribüne die Aufschrift lesen: »Clemens VII., dem Wiederhersteller des Weltfriedens und beständigen Verteidiger des christlichen Namens«.

Auch die Künstler und Literaten, die von Papst Hadrian so vernachlässigt worden waren, erhofften sich wieder Unterstützung vom päpstlichen Hof. Wie die meisten Medici schätzte auch Clemens VII. Literatur, bildende Kunst und Musik und versammelte humanistische Gelehrte um sich. Baldassare Castiglione schrieb zuversichtlich nach Mantua, jeder hoffe sich vom neuen Papst das Allerbeste. Und Pietro Bembo faßte die allgemeine Stimmung in die schmeichelhaften Worte zusammen: »Clemens VII. wird der größte und klügste und der am meisten geehrte Papst werden, den die Kirche seit Jahrhunderten gehabt hat.«

Der neue Papst war zwar geistig nicht so vielseitig wie Leo X., andererseits aber auch nicht so prunksüchtig und verschwenderisch wie sein verstorbener Vetter. Clemens war an intensive Arbeit gewöhnt und hatte wenig Sinn für unterhaltsamen Zeitvertreib. An Hofnarren oder aufwendigen Jagdausflügen fand er wenig Geschmack, zur Ablenkung suchte er eher das ernsthafte Gespräch mit Künstlern und Gelehrten. Da er sowohl die Schulden seines Vetters Leo X. abzutragen hatte als auch durch die politische Lage zur Sparsamkeit genötigt war, kam er bald in den Ruf, ein geiziger Mann zu sein, der zur Melancholie neige. Der venezianische Gesandte Mario Foscari, der den Papst drei

Jahre lang aus nächster Nähe miterlebte, charakterisierte ihn ausgewogener: »Er ist von Gerechtigkeit und Frömmigkeit erfüllt. In der Segnatura würde er zum Nachteil anderer Personen nichts unternehmen, und wenn er eine Bitte gewährt, widerruft er es nicht, wie es Leo tat. Er verkauft keine Benefizien und vergibt sie auch nicht durch Simonie. Im Gegensatz zu Leo und anderen Päpsten verlangt er keine Dienste, wenn er Gnaden erteilt, sondern wünscht, daß alles rechtmäßig zugehe.« Und Foscaris Landsmann, Antonio Soriano, ergänzte dieses Bild durch die Bemerkung, daß Clemens VII. keine melancholische, sondern eine sanguinische Persönlichkeit sei, was man auch an seiner Gewandtheit im Reden erkennen könne.

Fast allen Beobachtern fiel allerdings auf, daß Clemens vor vielen Entscheidungen unschlüssig und sogar furchtsam war und oft nicht den richtigen Moment zum Handeln fand. So geriet der Papst, der als Kardinal ein so hochgeachteter Mann gewesen war, allmählich in den Ruf der Überängstlichkeit und Entscheidungsunfähigkeit. Francesco Berni kennzeichnete die päpstliche Regierung mit den Versen:

> »Ein Papsttum, reich an Hin- und Herberaten,
> An Meinungswechsel und an Klügelein,
> An Wenn und Aber wie an Ja und Nein,
> Vielleicht und Doch und Worten ohne Taten.«

Aretino hielt sich mit spitzen Äußerungen gegenüber Clemens wohlweislich zurück. Er hatte sich bei Giulio de' Medicis erster Papstkandidatur so nachhaltig für diesen eingesetzt, daß er nun, nach erfolgter Wahl, auf Gegenleistungen des Papstes rechnen durfte. Er war ja längst nicht mehr der Unbekannte aus Arezzo, sondern ein Literat, dessen Scharfzüngigkeit allgemein bekannt und gefürchtet war.

Der Papst schien Aretino denn auch sehr gewogen zu

sein, und Aretino vergaß offenbar seine frühere Pasquino-Funktion für eine Weile. Auf den Straßen von Rom wurde deshalb etwas höhnisch die Frage gestellt, woher es eigentlich komme, daß der Pasquino seit dem Regierungsantritt des neuen Papstes so still geworden sei. Auf diese Frage gab es zwei anonyme Antworten, die in der Nähe des Petersdoms an eine Statue geheftet wurden. Die eine Antwort hieß, der Pasquino habe Angst vor den Drohungen des Kardinals Armellino, der Kritikern der päpstlichen Politik strenge Strafen androhte. Die andere Antwort lautete, man habe den Aretino wie einen Frosch mit einem fetten Köder gefangen, und seit es ihm so gut gehe, quake er nicht mehr. Auf diese kleinen Nadelstiche reagierte der Pasquino nicht.

Da Aretino bei Clemens VII. in Gunst stand, nahm er oft die Gelegenheit wahr, seine Freunde und Gönner dem Papst rühmend in Erinnerung zu bringen. Vor allem berichtete er sehr positiv über den Condottiere Giovanni und den Markgrafen Federico und teilte anschließend seinen beiden Freunden den Inhalt solcher kurzen Gespräche mit. Beide dankten ihm für seine lobenden Worte und seine freundschaftliche Treue und versicherten ihn ihrer ständigen Zuneigung und Verehrung, was Aretino wiederum mit Lobeshymnen quittierte.

Die Hochstimmung, in der Aretino sich während dieser Zeit offensichtlich befand, blieb allerdings nicht lange ungetrübt. Wie jeder andere am päpstlichen Hof mußte auch er sich mit den politischen Gruppierungen auseinandersetzen, die sich gegenseitig befehdeten: den kaiserlich Gesinnten, die von Nikolaus von Schönberg angeführt wurden, und den Anhängern des französischen Königs, als deren Wortführer Gian Matteo Giberti auftrat. Mit dem letzteren sollte Aretino einen ersten, unvermuteten Zusammenstoß haben.

Gian Matteo Giberti stammte aus Palermo und war der uneheliche Sohn eines genuesischen Admirals. Schon mit achtzehn Jahren war der hochbegabte junge Mann Sekretär bei Kardinal Giulio de' Medici geworden und stand auch bei Papst Leo X. in hohem Ansehen. Giberti wurde bald in die wichtigsten kirchlichen und politischen Angelegenheiten eingeweiht und erhielt nach der Thronbesteigung Clemens VII. das einflußreiche Amt des päpstlichen Datars, das etwa der Stellung eines Ministerpräsidenten entsprach. Diese Position hatte Giberti allerdings nur widerstrebend angenommen, weil er statt der damit verbundenen politischen Aktivität lieber in Ruhe seinen priesterlichen Pflichten als Bischof von Verona nachgekommen wäre.

Trotz seiner vielfachen Beanspruchung fand Giberti aber immer noch Zeit, sich in Kunst und Wissenschaft weiterzubilden. Schon unter Papst Leo X. hatte er Humanisten um sich versammelt und war mit manchen von ihnen gut befreundet. Einer von diesen war der Dichter Francesco Berni, den Giberti als seinen Sekretär einstellte. Berni war ein ähnlich genußliebender, spottfreudiger Literat wie Aretino, aber im Unterschied zu dem Satiriker, der enthüllte, um die Zustände zu verbessern, ging es Berni fast ausschließlich darum, die Opfer seines Spottes zu erniedrigen, indem er sie lächerlich machte.

Aretino und Berni wurden erbitterte Konkurrenten im literarischen Wettbewerb am päpstlichen Hof. Aretino schien dabei im Vorteil zu sein, weil er sich im Schutz des Medici-Papstes gegen gefährliche Angriffe sicher fühlte. Berni, der seine Zunge genausowenig im Zaum halten konnte wie Aretino, wurde von seinem priesterlichen Gönner Giberti geschützt, der seine Lebensart weniger frivol fand als diejenige Aretinos.

Zunächst war aber von einer gegenseitigen Abneigung zwischen Giberti und Aretino nichts zu spüren. Im Gegenteil, Aretino war um eine gute Beziehung zu dem mächtigen Datar des Papstes bemüht. Er verfaßte Lobgedichte auf Giberti, die dieser an Vittoria Colonna sandte, zusammen mit einem Gedicht, das Aretino ihr zu Ehren geschrieben hatte.

Sebastiano del Piombo, *Clemens VII.*, um 1526.
Neapel, Galleria Nazionale di Capodimonte

Die Dichterin bat hocherfreut den Datar, er möge Aretino dafür danken, daß er ihren Namen durch sein Lob erhöht habe.

Doch die gute Atmosphäre zwischen Aretino und Giberti wurde unversehens heftig gestört. Ursache dafür war eine pornographische Veröffentlichung des Schriftstellers, die nicht nur den päpstlichen Datar gegen Aretino aufbrachte. Selbst einige Verehrer Aretinos, die sich bisher über den dreisten Pasquino und seine Enthüllungen amüsiert hatten, rümpften über seine neueste Dichtung die Nase. Das anstoßerregende Werk trug den eindeutigen Titel *Wollüstige Sonette*. Es brachte seinen Verfasser in Lebensgefahr.

Zustande gekommen war diese Gelegenheitsdichtung durch einige Zeichnungen, die Aretino bei dem Kupferstecher Marcantonio Raimondi gesehen hatte. Raimondi, der sich durch seine Wiedergabe der Werke Dürers und Raffaels einen bedeutenden Namen gemacht hatte, war mit Aretino seit langem bekannt und hatte ihn auch porträtiert. Nach Ansicht des Künstlerbiographen Giorgio Vasari war dieses Bild »das schönste Porträt, das Marcantonio je geschaffen« hatte.

Die Zeichnungen, die Aretino in der Werkstatt Raimondis zu Gesicht bekam, stammten von Giulio Romano, mit dem Aretino ebenfalls befreundet war. Romano hatte auf sechzehn Blättern verschiedene Arten des Liebesgenusses dargestellt und sie von Raimondi stechen lassen – ein Thema, das Aretino sehr entgegenkam.

Über den tatsächlichen Ablauf dieser Geschichte und über Aretinos entscheidenden Beitrag dazu gibt es unterschiedliche Versionen. Eine der am besten belegten ist die Darstellung, die Aretinos sorgsamer Biograph Mazzuchelli gibt: »Wie es ja zu keiner Zeit an ebenso begabten wie verderbten Geistern gemangelt hat, so fand sich ein solcher in Rom selbst, der es wagte, sechzehn unzüchtige Stellungen zu zeichnen, und es fand sich ein anderer, der schamlos genug war, die Zeichnungen in Kupfer zu stechen. Giulio Romano, einer der ersten Künstler seines Zeitalters, war der Zeichner, und Marcantonio Raimondi aus Bologna der Kupferstecher. Derartige Unanständigkeiten mußten den damaligen Papst, Clemens VII., mit Recht empören und ihn zu dem Entschluß bringen, die beiden Schuldigen zu bestrafen.«

Gerade um diese Zeit war Giulio Romano durch den Grafen Baldassare Castiglione eingeladen worden, an den Hof des Markgrafen von Mantua zu kommen. Der Maler hatte Rom bereits verlassen, als die Kupferstiche in der Öffentlichkeit auftauchten, Romano war also in Sicherheit vor Verfolgung. Schlecht erging es dagegen dem Stecher Raimondi: er wurde verhaftet und ins Gefängnis geworfen. Vermutlich hätte er dort sehr lange zubringen müssen, wenn Aretino, durch Vermittlung des Kardinals Ippolito de' Medici, sich nicht beim Papst für Raimondi eingesetzt hätte, der ihn daraufhin freiließ.

Wie die Kupferstiche überhaupt den Weg in die Öffentlichkeit gefunden hatten, blieb unklar. Raimondi selbst hatte sie nur für den privaten Umlauf im Freundeskreis hergestellt. Nach seiner Festnahme begann sofort eine fieberhafte Suche nach den Objekten der Begierde. Die meisten fand man (einige davon sogar an Orten, wo man sie nie vermutet hätte, bemerkte Giorgio Vasari etwas spitz) und vernichtete sie umgehend. Ob bei dieser Suche auch die Kupferplatten entdeckt wurden, ist nicht sicher. Jedenfalls tauchten noch Jahre danach immer wieder Stiche mit einigen der sechzehn »Modi«, wie die erotischen Stellungsspiele genannt wurden, sogar außerhalb Italiens auf.

Aretino hatte nach eigenem Bekunden die Blätter erst gesehen, als er Raimondi zur Entlassung aus dem Gefängnis verholfen hatte. Jahre später äußerte er sich in einem Brief an den Arzt Battista Zatti über die damaligen Geschehnisse: »Nachdem ich von Papst Clemens die Freilassung Marcantonios aus Bologna erwirkt hatte, der ins Gefängnis geschickt worden war, weil er die »Sechzehn Stellungen« in Kupfer gestochen hatte, bekam ich Lust, auch einmal diese Bilder zu sehen, um derentwillen Giberti fortwährend schrie, man müsse den trefflichen Künstler ans Kreuz schlagen. Und nachdem ich sie gesehen hatte, ergriff mich derselbe Geist, der Giulio Romano angetrieben hatte, sie zu zeichnen. Wie in alten und neuen Zeiten Dichter und Bildhauer eine geistige Belustigung darin gefunden haben, laszive Werke zu schreiben oder zu meißeln – wie wir zum Beispiel im Chigi-Palast jenen marmornen Satyr sehen, der einen Knaben zu vergewaltigen sucht –, so verfaßte ich zu jenen »Stellungen« die Sonette, wollüstigen Angedenkens, wie sie unter den Kupfern zu lesen stehen, und wie ich sie, allen Heuchlern zum Trotz, Euch widme.«

Und dann folgt Aretinos euphorische Apologie jenes »Werkzeugs«, das er in seinen *Kurtisanengesprächen* mit sehr viel größerer Kunstfertigkeit behandelt als in den vergleichsweise grobschlächtigen *Wollüstigen Sonetten:*

»Hole der Teufel die erbärmliche öffentliche Meinung und die verflixte gute Sitte, die unseren Augen verbieten, gerade das zu sehen, was ihnen am meisten Vergnügen macht! Was ist denn Schlimmes dabei, wenn wir sehen, wie ein Mann auf eine Frau hinaufklettert? Sollen denn etwa die Tiere mehr Freiheit haben als wir Menschen? Ich bin der Meinung, wir sollten Nachbildungen des Werkzeugs, das uns Mutter Natur aus Selbsterhaltungstrieb gegeben hat, als Anhängsel an der Halskette oder als Agraffe am Barett tragen. Denn dies ist der Quell, dem die Fluten der Menschengeschlechter entspringen, aus dem die Ambrosia quillt, die die Feiertagsspeise der ganzen Welt ist. Dieses Werkzeug hat Euch gemacht, Euch, einen der ersten Chirurgen unserer Tage. Es hat mich geschaffen, der ich doch wahrlich nicht von Pappe bin. Es brachte Männer auf die Welt wie Bembo, Molza, Fortunio, Franco, Varchi, Ugolino Martelli, Lorenzo Lenzi, Dolce, Fra Sebastiano, Sansovino, Titian, Michelangelo und außer diesen alle die Päpste; Kaiser, Könige. Es hat mit dem »Sanctum Sanctorum« all die schönen Kinder und all die wunderschönen Frauen gezeugt. Daher sollten wir Feiertage, Vigilien und Feste ihm weihen, anstatt es in ein Stück Tuch oder Seide einzuhüllen. Viel eher sollten wir unsere Hände verstecken, denn die Hände verspielen unser Geld, schwören falsche Eide, leihen zu Wucherzinsen. Sie bohren den Esel, sie kratzen, zwicken, prügeln, verwunden, töten. Und gar erst der Mund, der dich anflucht, dir ins Gesicht spuckt, der frißt, säuft, speit! Kurz und gut, die Gesetzeskundigen könnten sich Ehren erwerben, wenn sie in ihre Scharteken einen Paragraphen über dieses herrliche Werkzeug aufnähmen – und ich glaube, sie werden es einmal tun. Einstweilen aber prüft bitte dieses Werk daraufhin, ob ich in meinen Versen die Stellungen der wackeren Liebeskämpen naturgetreu wiedergegeben habe ...«

In seiner umfassend orientierenden Arbeit über Aretinos Werk weist Johannes Hösle darauf hin, daß im Jahre 1781 die sächsische Regierung die Zerstörung des Originaldrucks verfügte, die sich in der Dresdner Bibliothek befand. Seit dem 18. Jahrhundert wurden die Sonette, erweitert um zehn von unbekannten Verfassern stammende Stücke, wiederholt aufgelegt. Deutsche Übersetzungen, so Hösle, wurden um 1920 beschlagnahmt, darunter *Die sechzehn wollüstigen Sonette*, in deutscher Übersetzung, frei nach dem italienischen Original von Siegmund Freiherr von Fried.

In einer deutschen Ausgabe der *Wollüstigen Sonette* aus dem Jahr 1982 (Klaus Renner-Verlag, München) liest sich das erste der derb-drastischen Sonette folgendermaßen:

> »Komm vögeln! Schnell! Komm vögeln, liebe Seele!
> Zum Vögeln sind wir Menschen ja geboren.
> Du liebst den Schwanz, ich liebe deine Möse.
> Denn ohne diese wär' die Welt verloren.
>
> Und wenn man nach dem Tod noch vögeln könnte,
> So sagte ich: Laß uns zu Tode vögeln,
> Und danach vögeln Adam und Eva noch,
> Die Ursach' waren, daß wir sterben müssen.

– Wahrhaftig! Das ist wahr! Denn hätten sie nicht
Von der verbot'nen Frucht gegessen,
So könnten Liebende sich ewig vögeln.

Doch laß jetzt das Geschwätz! Und bis ans Herz
Stoß mir den Schwanz hinein, daß ich ergieß'
Die Seele, die den Schwanz belebt und tötet.

Und Liebster, höre: Wenn es möglich wäre,
Laß mich auch noch die Eier drinnen haben,
die seligen Zeugen allen Liebesglücks!

Zum Vergleich bietet sich eine neuere Nachdichtung aus dem
Jahre 1997 an, die Thomas Hettche auf der Grundlage einer Übersetzung von Olaf Roth verfaßt hat:

›Laß uns ficken, meine Seele, schnell. Exakt
Zum Ficken sind wir alle geboren doch.
Wie du den Schwanz lieb ich das Loch,
Ohne die wär alles abgefuckt!

Und wäre Ficken post mortem nicht abgeschmackt,
Fickten wir uns zu Tode noch.
Fickegal sind Adam und Eva uns doch,
Die starben: Welch unanständiger Akt!

Hätten die beiden jene Frucht
Nicht gegessen – das wär ein Scherz!
Niemals zu fühlen der Liebe Wucht …

Aber, genug: Steck ihn hinein bis zum Herz,
Meine Seele vergeht nach ihm in der Sucht,
Wie er sie tötet und weckt·in süßem Schmerz.

Könntest du in deinen Nerz
Doch auch meine Eier noch säugen,
Unseres Vergnügens glückliche Zeugen.«

Ob viele von Aretinos Freunden begeistert über diese Texte
waren, ist nicht überliefert. Einige kritische Urteile dagegen
haben sich erhalten. Als »zuchtlose Sonette« brandmarkte
Filippo Baldinucci, der Biograph des Stechers Raimondi,

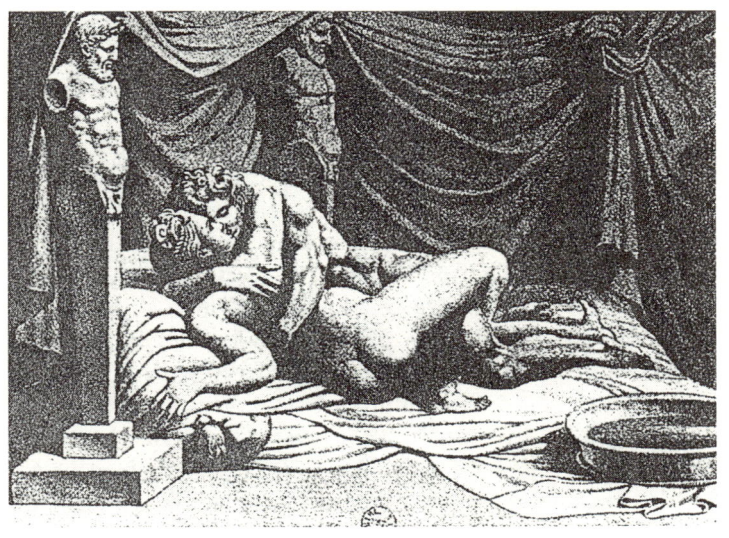

Illustration aus Aretinos »Wollüstigen Sonetten«
(gezeichnet von Giulio Romano, in Kupfer gestochen
von Marcantonio Raimondi)

die Verse Aretinos, »wie es bei solchem Gegenstand nur die faulige Zunge eines Menschen von solchem Zuschnitt« ausdrücken könne. Giorgio Vasari distanzierte sich ebenfalls, wenn auch in behutsamerer Form, von Aretinos Versen und bezog die bildliche Vorlage mit ein. Er wisse nicht, schrieb er, was häßlicher gewesen sei: der Anblick der Kupferstiche für die Augen oder die Worte Aretinos für die Ohren. Andere Aretino-Forscher hielten dagegen, daß die Sonette zwar keinerlei künstlerischen Wert hätten, daß aber andererseits solche Texte im 16. Jahrhundert nicht unüblich gewesen seien: »Es muß aber gesagt werden«, stellt der deutsche Aretino-Biograph Alfred Semerau fest, »daß sich Ähnliches gar nicht selten in dieser Zeit findet und man keine Veranlassung hat, darum in Aretino einen Brunnen aller Verderbtheit zu sehen.« Und Johannes Hösle weist auf die in ihrer Obszönität vergleichbaren *Capitoli* des Dichters Francesco Berni hin, der als Sekretär beim päpstlichen Datar Giberti beschäftigt war. »Über die *Sonetti lussuriosi*«, schreibt Hösle, »entrüstete, sich in den zwanziger Jahren des Cinquecento niemand im Ernst.« Auch Hösle ist allerdings der Ansicht, daß es Aretino erst zehn Jahre später, mit seinen *Kurtisanengesprächen,* gelang, sexuelle Thematik auch dich-. terisch zu bewältigen.

Der Datar Giberti zeigte sich, obwohl er mit Berni einen ähnlich frivolen Dichter an seiner Seite hatte, über Aretinos Veröffentlichung äußerst empört. Aretino hielt es deshalb für ratsam, Rom wieder einmal für eine Weile zu verlassen. Er wollte sich vorläufig in seiner Heimatstadt Arezzo aufhalten, bis der kleine Skandal vergessen wäre. In Arezzo wurde ihm aber ein Brief seines Freundes Giovanni dalle Bande Nere überbracht.

Der Condottiere war inzwischen von Papst Clemens als Gouverneur nach Fano am Adriatischen Meer gesandt worden und lud Aretino zu einem ausgedehnten Besuch ein. In seinem Schreiben kritisierte der Söldnerführer zwar, daß

Aretino sich durch Unbedachtsamkeit seine einflußreiche Position beim Papst verscherzt und noch dazu Giberti, den wichtigen Befürworter einer politischen Verbindung mit dem französischen König Franz I., so sehr verärgert habe. Aber »nun erwarte ich dich hier«, schrieb Giovanni dem Freund. »Ich bin ganz sicher, daß du nur durch deine Gutmütigkeit und sonst nichts dich hast über die Schranken treiben lassen, und ich will dir das Lob nicht vorenthalten, daß wohl alle anderen manchmal Schurkereien begehen würden, aber du nie und nimmer.«

Aretino folgte der Einladung nach Fano sofort und blieb fast ein Vierteljahr bei Giovanni dalle Bande Nere. Während dieser Zeit lernte er König Franz I. von Frankreich kennen, mit dem sich der Condottiere verbündet hatte. Franz I. hatte gegen die Truppen Kaiser Karls V. militärische Erfolge erzielt, und die Kaiserlichen konnten sich gegen den Franzosenkönig nicht mehr halten. In Rom spottete der Pasquino, ein kaiserliches Heer sei in den Alpen verlorengegangen, und der ehrliche Finder werde gebeten, es gegen gute Belohnung abzuliefern. Auch Papst Clemens, der sich lange nicht zwischen Spanien und Frankreich entscheiden konnte, verbündete sich nun mit dem französischen König. Und schon in den ersten Novembertagen des Jahres 1524 war Aretino wieder in Rom, neu ausgestattet mit der Gunst des Papstes, der seinen wortgewandten Parteigänger offenbar nicht länger entbehren mochte.

GEFÄHRLICHE KONFLIKTE

Kaum war Aretino wieder in Rom, begann er Loblieder auf seinen päpstlichen Gönner zu singen. Clemens VII. machte ihn, vermutlich, um den unberechenbaren Satiriker fester an sich zu binden, zum ›Cavaliere de Rhodi‹. Die Insel Rhodos, die zwischen 1310 und 1522 den ›Rhodeser-Rittern‹ des Johanniterordens gehörte, war allerdings unter dem Pontifikat Papst Hadrians VI. an die Türken verlorengegangen. Aber damals war das Schicksal der Insel (die nacheinander in italienische, deutsche und griechische Hände überging) noch nicht abzusehen, und für Aretino bedeutete die päpstliche Geste zweifellos eine hohe Aufwertung. Er revanchierte sich denn auch mit überschwenglichen Dankeshymnen, in denen er Clemens VII. als den besten Statthalter Christi auf Erden rühmte. Diesem Papst werde die Welt einst ein Denkmal errichten, weil er den Weltfrieden schaffen und Kaiser Karl V. mit Franz I. versöhnen werde. Gemeinsam könnten sich die kaiserlichen und die französischen Truppen dann, mit tatkräftiger Unterstützung durch den unbesiegbaren Condottiere Giovanni dalle Bande Nere, gegen die Türken wenden und die Ungläubigen für alle Zeiten in Schranken halten.

Aretino genoß seine herausgehobene Stellung im Umkreis des Papstes und ließ auch seine Freunde daran teilhaben. Der Condottiere Giovanni schrieb ihm zwar, wie sehr er seine unterhaltsame Gesellschaft vermisse, war aber andererseits auch zufrieden darüber, daß Aretino wieder eine unübersehbare Position am päpstlichen Hof hatte und sich bei jeder Gelegenheit zugunsten des Söldnerführers verwenden konnte.

Auch der Markgraf Federico Gonzaga von Mantua blieb durch seinen Gesandten mit Aretino in ständiger Verbindung. Schon aus dem Feldlager in Reggio hatte Aretino seinem Gönner kleine Geschenke zukommen lassen. So hatte er ihm beispielsweise vier Kämme aus Ebenholz geschickt und in einem anspielungsreichen Brief dazu vermerkt: »Einer ist darunter, mit dem sich Venus ihre Goldhaare zu kämmen pflegte. Aber darüber gehen die Meinungen auseinander. Denn einer glaubt, der Kamm habe der ehrwürdigen Beischläferin des [Kardinals] Grassio gehört; der andere meint, Madonna Honesta, die Gefährtin des schurkischen [Kardinals] Armellino, habe sich seiner bedient. So sagt dieser das und jener das. Ich aber meine, daß dieser Kamm der allerheiligsten Waschfrau des Pedanten Hadrian [des Papstes] gehört hat.«

Im Winter 1524 ließ der Markgraf Aretino über seinen Gesandten bitten, den Papst daran zu erinnern, daß dieser ihm einmal versprochen hatte, ihm die Kopie eines Raffael-Gemäldes zukommen zu lassen, das Papst Leo X. darstellte. Aretino entsprach diesem Wunsch und bat seinerseits Federico um die Gefälligkeit, ihm »zwei Paar Hemden, in Gold gearbeitet, nach der jetzigen Mode, und zwei weitere, mit Seide genäht, dazu zwei Hauben aus Gold« anfertigen zu lassen. Der Markgraf gab diese Kleidungsstücke sofort in Auftrag und bezahlte sie im voraus. Aber die Nonnen, die die Hemden und Hauben nähen sollten, ließen sich mit ihrer Arbeit außergewöhnlich viel Zeit. Sie taten, wie der Markgraf verärgert an Aretino schrieb, nur dann etwas, wenn sie gerade Lust dazu verspürten, und er sah keine Möglichkeit, die frommen Frauen zu einem schnelleren Arbeitstempo zu bewegen.

Aretino war über diese Verzögerung ziemlich ungehalten, denn der Karneval, zu dem er die Kleidungsstücke haben wollte, stand unmittelbar bevor. Der prachtliebende Literat wünschte sich einen möglichst glanzvollen Auftritt, zumal der Karneval unter Papst Clemens VII. wesentlich karger war als beispielsweise derjenige in Mantua. Federico Gonzagas Geschäftsträger in Rom berichtete bekümmert: »Wir führen hier ein wahrhaft religiöses Leben. Es ist gerade so wie in einem Mönchskloster, wo man in einer wunderbaren Observanz lebt. Nur die Kurtisanen tun ihre Pflicht, obwohl sich das für dieses heilige Jahr schlecht zu schicken scheint. Aber dem abzuhelfen wäre ebenso unmöglich wie die Naturprodukte für vogelfrei zu erklären. Darum muß man die Welt in diesem Punkt nach ihrer Gewohnheit gehen lassen.«

Das Kleidungsproblem wurde immer drängender und artete allmählich zu einer Posse mit bedrohlichem Unterton aus. Die Hemden und Barette ließen weiter auf sich warten, und Aretino geriet in Rage. Am 22. Februar 1525 schrieb der Gesandte in fast verzweifeltem Ton an Federico Gonzaga: »Der Aretiner verleugnet den Himmel, weil er die Hemden noch nicht hat, und hat mir heute in großem Zorn gesagt, daß er sie nicht mehr haben will. Er war ganz und gar unzufrieden. Ich habe mich bemüht, ihn zu besänftigen, indem ich ihm erklärte, wie sehr Eure Herrlichkeit wünsche, ihm gefällig zu sein, und daß der strengste Auftrag gegeben worden sei, die Hemden mit aller Sorgfalt anzufertigen. Er blieb aber hartnäckig bei seiner Meinung und erklärte mir, er wisse wohl, daß die Verzögerung nicht der Herr verschulde, sondern die Geistlichen. Die Sache zieht sich ja auch wirklich ein bißchen in die Länge, und mir ist es in vieler Hinsicht recht leid.«

Eine Woche später, am 1. März, ging der nächste Brief an den Markgrafen ab. Der Ton des Gesandten klang nun geradezu beschwörend: »Was die Hemden des Aretiners betrifft, so kennt ja Eure Herrlichkeit seine Zunge. Darum brauche ich nichts mehr davon zu sagen. Ich habe mich bemüht, ihn zu beschwichtigen, aber dadurch macht man es, scheint mir, nur noch schlimmer. Ich weiß nicht, was ich sonst noch tun kann. Mir ist diese ganze Geschichte äußerst unangenehm, denn er ist so sehr empfindlich.«

Endlich, am 23. März, als der Karneval längst vorbei war, trafen die Hemden ein, und die Barette wurden sogar in doppelter Ausfertigung geliefert, zwei goldene und zwei seidene. Der Markgraf ließ sich noch einmal wegen der großen Verzögerung entschuldigen, und Aretino nahm alles dankend entgegen. Er selbst bat um Nachsicht wegen seines Unwillens gegenüber dem Gesandten, und so war die freundschaftliche Atmosphäre wiederhergestellt.

Daß Aretino nicht nur nahm, sondern auch großzügig und mit Kunstverstand zu geben wußte, geht aus einem Brief hervor, den er kaum zwei Wochen später an den Markgrafen schrieb und in dem er ein Gegengeschenk für Federico Gonzaga ankündigte:

»Ich habe den antiken Laokoon im Belvedere ungefähr eine Elle hoch in Stuck nachbilden lassen, und nach dem Urteil des Papstes und aller Bildhauer von Rom ist das Werk ganz außerordentlich gut gelungen. Der Schöpfer ist Jacopo Sansovino, von dem Euch Euer Maler Giulio Romano sagen kann, wer er ist. Er hat den ganzen Winter daran gearbeitet, und unsere Heiligkeit hat ihm oft im Belvedere bei seiner Arbeit zugesehen. Nun schicke ich ihn in zehn Tagen und viele andere Neuigkeiten dazu. Gestern abend sagte mir auch unsere Heiligkeit, daß Raffaels Bild fast fertig kopiert in Florenz ist und daß sie es Eurer Herrlichkeit gleich senden wird.«

Gleichzeitig gab Aretino dem Markgrafen den dezenten Hinweis auf seine weiterhin bestehende Funktion als Gesellschaftskritiker und unüberhörbares Sprachrohr der öffentlichen Meinung, indem er darauf hinwies, daß das Pasquino-Fest dieses Jahr in seinem Namen gefeiert werde. Die kostspieligen Hemden waren also zumindest für diesen Anlaß rechtzeitig gekommen. »Gott schütze jeden treuen

Christenmenschen vor den bösen Zungen der Dichter!«
schrieb Aretino warnend. Er versprach dem Markgrafen,
ihm alle Spottgedichte zu schicken, die derzeit in Rom kur-
sierten. Als Kostprobe sandte er Federico Gonzaga ein
Sonett über eine Jupiterfigur, die im Weinberg des »schurkischen Kardinals« Armellino gefunden worden war. Der
Kardinal war in Rom wegen seiner Habsucht bekannt und
entsprechend unbeliebt. Aretino hatte deshalb ein leich-
tes Spiel, in seinem Sonett den geistlichen Würdenträger
lächerlich zu machen und mit ihm zusammen auch noch
einige andere Persönlichkeiten dem höhnischen Gelächter
auf den Straßen von Rom preiszugeben.

Ob Aretino sein Versprechen vergessen hatte oder dem
Markgrafen lediglich zu verstehen geben wollte, daß der
Pasquino ständig zu lautstarker Kritik bereit sei – die in
Mantua erwarteten Pasquino-Verse trafen jedenfalls nie
dort ein. Und zu Aretinos Genugtuung verhielt sich der
Markgraf von Mantua ähnlich wie viele andere, die sich um
gute Beziehungen zu dem einflußreichen Literaten bemühten: Er bat dringend um die Zusendung der »schönen und
ergötzlichen Pasquino-Gedichte«, auf die man an seinem
Hof sehnlich warte. »Bedenkt doch bitte«, schrieb Federico
Gonzaga an Aretino, »daß Eure Werke sich nicht gut verborgen halten können. Wenn sie aber erst in Rom und fast in
ganz Italien bekannt sind, erfreuen sie uns nicht mehr so
sehr, nicht etwa als wären es nicht ganz die gleichen wie
vorher, sondern weil die Neuheit alle Dinge empfiehlt und
im Preis heraufsetzt.« Nochmals bat der Markgraf um alle
Gedichte, die am Pasquino-Tag erschienen seien und auch
um alles, was Aretino danach gedichtet habe. »Wir wissen
wohl, daß Euerm Geist nicht würdige Stoffe gemangelt
haben, und darum laßt uns nicht mehr länger Durst leiden!« insistierte der Markgraf und schrieb eigenhändig an
den Schluß des Briefes: »Bitte, Herr Pietro, schickt uns
Werke aus Eurer Feder!«

Ein Brief wie dieser war für Aretinos Prestige unschätzbar. Nicht umsonst sammelte er seine Korrespondenz mit weltlichen und geistlichen Würdenträgern und mit namhaften Künstlern und Gelehrten. Aus Tausenden von Briefen hochgestellter Persönlichkeiten, die ihm mit Hochachtung oder sogar mit – echter oder vorgeblicher – Verehrung begegneten, konnte er innerhalb von kaum zehn Jahren ein Selbstbild entwickeln, das er anscheinend schon lange in sich getragen hatte und das kaum einen Vergleich zu scheuen brauchte. Er war jetzt nicht mehr nur ein begabter und witziger Schreiber wie viele andere auch, sondern er war allen Ernstes in der Lage, als Vermittler zwischen den Mächtigen aufzutreten: Ein Papst, Clemens VII., wollte ihn offensichtlich in seiner Umgebung haben; ein König, Franz I. von Frankreich, bemühte sich darum, den wortmächtigen Schriftsteller auf seine Seite zu ziehen; der berühmteste Condottiere war sein enger Freund, und Adlige, Gelehrte und namhafte männliche wie weibliche Künstler suchten, mit Neid oder Respekt, seine anregende Gesellschaft und seinen enthüllenden Witz.

Dennoch war Aretino nicht völlig unabhängig. Wenn er seine bevorzugte Stellung halten wollte, durfte er keinen der Mächtigen auf Dauer verärgern, ohne etwas gegen ihn in der Hand zu haben. Deshalb war er auch bemüht, sein Verhältnis zu Giberti wieder zu verbessern. Der päpstliche Datar mit seinem untadeligen Lebenswandel war nicht erpreßbar. Der frankreichfreundliche Giberti hatte außerdem eine gute Beziehung zum Papst, weil derzeit ein Bündnis mit Franz I. zur Debatte stand.

Aretino konzentrierte also seine Dichtkunst zielbewußt auf das Lob des Datars und verfaßte ein schmeichelhaftes Preislied, in dem er Giberti als einen »Günstling des Glücks« feierte und ihm die Kardinalswürde voraussagte. (Diese Prophezeiung traf allerdings, im Gegensatz zu vielen anderen Voraussagen Aretinos, nicht ein.) Der Datar schien durch den poetischen Besänftigungsversuch beeindruckt zu sein, und Aretino nahm die Gelegenheit wahr, in entspannter Atmosphäre seine römischen Erfahrungen in eine literarische Form zu bringen, die diesen Namen verdiente: Er schrieb die Komödie *Die Kurtisane*, die neben seiner Komödie *Der Stallmeister* zu seinen erfolgreichsten Stücken gehört.

Neben dieser Arbeit versah Aretino aber immer noch seine selbstauferlegte Pflicht, als Pasquino für Enthüllung und Erheiterung zu sorgen. Er ließ zwar den Papst und den Datar in Ruhe, zauste aber um so mehr die Kardinäle und die Höflinge. Dabei hätte gerade zu dieser Zeit der Pasquino in Clemens VII. eine besonders gut geeignete Zielscheibe des Spottes finden können. Denn der Papst, der von Giberti zu einem Bündnis mit dem französischen König gedrängt worden war, hatte in seiner Politik eine empfindliche Niederlage erlitten: Franz I., der zunächst wie der sichere Sieger im Konflikt mit Karl V. aussah, war 1525 in der Schlacht bei Pavia von den kaiserlichen Truppen besiegt worden. Damit hatte er seine Herrschaft in Italien eingebüßt und mußte mit dem Kaiser einen demütigenden Frieden schließen.

Aretino schickte dem gefangenen französischen König einen Trostbrief. Daß er dies tat und in welchem Ton er Franz I. ansprach, zeigt mehr als deutlich, welches Selbstbewußtsein er durch die jahrelange Anerkennung als ernstzunehmender Literat entwickelt hatte. Auch als Gefangener, so schrieb er dem König, könne Franz I. seine Kraft zeigen, indem er seinen Geist aufrichte und sein Geschick nicht beklage. Denn Franz I. hatte, so war zwischen den Zeilen zu lesen, in seiner militärischen und politischen Strategie offenkundig Fehler gemacht. »Möge Euch das Unglück, das Euch nun umfangen hält, Zaum und Zügel sein«, riet der Schriftsteller dem König, »daß Ihr nicht an Unternehmungen denkt oder sie gar vorbereitet, die nicht wohlerwogen

Jean Clouet, *Franz I., König von Frankreich,* um 1535.
Paris, Musée du Louvre

sind. Denn es wird einmal die Zeit kommen, wo Euch die Erinnerung an das, was Ihr jetzt durchlebt, angenehm und nützlich sein wird.«

Als Papst Clemens die Nachricht von der Niederlage der Franzosen erhielt, war er wie gelähmt. Die kaiserlich Gesonnenen am päpstlichen Hof waren dagegen in einem wahren Freudenrausch, und Kardinal Colonna gab zur Feier des Sieges ein prächtiges Fest. Der völlig niedergeschlagene Papst sah nun trotz der heftigen Einwände seines Datars Giberti keine andere Möglichkeit, als sich ebenfalls dem Kaiser anzuschließen.

Diese Entscheidung sollte sich allerdings als nutzlos herausstellen. Es sah eher so aus, als solle der Kirchenstaat gänzlich beraubt und jede Selbständigkeit in Italien völlig unterdrückt werden. Als der französische König im Sommer 1525 als Gefangener zu Karl V. nach Spanien gebracht wurde, wuchs die Befürchtung, der Kaiser werde sich mit Franz I. auf Kosten Italiens einigen und Italien werde seine Freiheit für immer verlieren.

Diese Angst rief auf der italienischen Halbinsel ein verstärktes Vaterlandsgefühl hervor. Man wollte nicht dulden, daß der verhaßte spanisch-deutsche Kaiser und seine Barbaren-Truppen über Italien herrschten. »Ganz Italien ist einig darüber«, schrieb Antonio de Leyva, der Feldherr des Kaisers, »sich zum Schutz der gemeinsamen Sicherheit und zur Abwehr jeder weiteren Machtausweitung Spaniens verbinden zu wollen.«

Auch Kaiser Karl V. konnte sich seines Sieges über Franz I. nicht lange freuen. Seine Erwartung, Frankreich würde nach der Niederlage bei Pavia völlig zerfallen, wurde enttäuscht. Dafür war vor allem die Mutter des gefangenen Königs, Luise von Savoyen, verantwortlich. Mit großer Energie und politischer Übersicht hielt sie das Land zusammen, vereinigte die französischen Parteien, organisierte Verteidigungsmaßnahmen, brachte den französischen Adel auf ihre Seite und schloß ein Bündnis mit dem König von England. Sie bemühte sich auch, die italienischen Fürsten und den Papst für sich zu gewinnen.

Aber Clemens VII. war, wie so oft in schwierigen Situationen, zu keiner eindeutigen Stellungnahme bereit. Seine beiden Ratgeber, der den Franzosen zuneigende Datar Giberti und der kaiserfreundliche Schönberg, führten heimlich einen erbitterten Kampf gegeneinander, aber keinem von beiden gelang es, den Papst mit Argumenten dazu zu bringen, sich für eine der beiden Seiten zu entscheiden.

In dieser undurchsichtigen, von Gerüchten durchschwirrten Lage hatte der Pasquino wieder einmal reichlich Stoff für Hohn und Spott. Diesmal ging es allerdings nicht um die privaten Laster von Kardinälen, sondern um politische Probleme, die für ganz Italien bedeutsam waren. Aretino befand sich dabei in einer schwierigen Lage. Ähnlich wie sein Gönner Clemens VII. sah er sich vor die Schwierigkeit gestellt, entweder für Kaiser Karl V. oder für Franz I. zu plädieren.

Aretinos persönliche Sympathie lag zweifellos eher bei dem lebensfrohen und prunkliebenden französischen König als bei dem kühl kalkulierenden Kaiser von Spanien. Sicherlich war für Aretino, wie für die meisten Italiener, der Sieg Karls V. bei Pavia ein harter Schlag gewesen. Gleichzeitig wußte Aretino (und hatte es auch in seinem »Trostbrief« an Franz I. durchblicken lassen), daß der französische König zur Unbesonnenheit neigte und dadurch seine anfänglichen militärischen Erfolge gefährdet hatte, so daß er den Krieg verlor. Dies hatte Franz I. unter anderem damit zu rechtfertigen versucht, daß sein vertrauter Söldnerführer, der Condottiere Giovanni dalle Bande Nere, an der Schlacht von Pavia nicht hatte teilnehmen können, weil er kurz zuvor durch einen Musketenschuß am rechten Schienbein verwundet worden war und zur Nachbehandlung nach Abano transportiert werden mußte.

Doch obgleich Aretino vermutlich zur französischen Seite neigte, stand er am päpstlichen Hof auf der Seite des kaisertreuen Schönberg, wohl nicht zuletzt wegen seiner Rivalität zu seinem literarischen Konkurrenten Francesco Berni, der sich auf die Seite seines Gönners Giberti geschlagen hatte. Auf diese Weise scheint die relativ friedliche Beziehung zwischen Aretino und dem päpstlichen Datar wieder außerordentlich kritisch geworden zu sein. Das nun folgende Ereignis war für Aretino jedenfalls lebensbedrohlich: In der Nacht des 25. Juli 1525 ritt Aretino durch die Straßen von Rom, als er plötzlich angegriffen und mit Dolchstößen schwer verwundet wurde. Er setzte sich zwar kräftig zur Wehr und konnte, trotz des Blutverlusts aus mehreren Brustwunden und einer Verletzung seiner rechten Hand, den Angreifer in die Flucht schlagen. Im Dunkel der Nacht konnte er aber nicht erkennen, wer der Täter war und ob dieser allein den Mordversuch unternommen hatte.

Die Nachricht von dem Anschlag sprach sich schnell herum, und sofort kam der Verdacht auf, daß Gian Matteo Giberti bei diesem versuchten Mord seine Hand im Spiel gehabt habe. Als Attentäter wurde Achille della Volta genannt, der zum Hofstaat des päpstlichen Datars gehörte. In der anonymen Lebensgeschichte Aretinos, die keinerlei Wahrheitsgehalt für sich in Anspruch nehmen konnte, hieß es, Achille della Volta habe Aretino beseitigen wollen, weil er sein Rivale bei einer Liebschaft mit einer Köchin Gibertis gewesen sei. Dieser Bericht darf aber in das Reich der Legende verwiesen werden, denn aus mehreren Andeutungen Aretinos selbst sowie des Markgrafen von Mantua und des Bischofs von Vasone läßt sich entnehmen, daß »ein anderer« hinter dem Mordplan gestanden hatte.

Dieser »andere« konnte nur Giberti sein, der Aretino wegen seiner gefährlich losen Zunge endlich den Mund stopfen lassen wollte. In einem Brief Aretinos an den Papst ist nachzulesen, daß Clemens VII. sich dafür entschuldigt, daß er nicht »den anderen wegen des gegen mich versuchten Meuchelmordes bestraft« habe. Als zwei Jahre später der Markgraf von Mantua, an dessen Hof Aretino damals wieder zu Gast war, sich um eine Aussöhnung zwischen dem Literaten einerseits und Papst und Datar andererseits bemühte, schrieb Federico Gonzaga in dieser Angelegenheit auch an den berühmten Geschichtsschreiber Francesco Guicciardini, der beim Papst in hohem Ansehen stand, und bat ihn um Vermittlung: »Es ist nur richtig, da in unseren Zeiten das Lob mehr nützt als der Tadel, wenn Clemens VII. und der Datar sich den Aretiner wieder zum Freund machen und ihn beruhigen, zumal die Angelegenheit recht häßlich und allgemein bekannt ist.«

Als es einige Jahre später zu einer vorübergehenden Versöhnung zwischen Aretino und Giberti kam, spielte der Markgraf noch einmal auf das Ereignis und dessen vermuteten Urheber an. Und selbst Papst Clemens gab indirekt zu, daß der Mordanschlag gegen Aretino von hoher Stelle aus vorbereitet und gegen den Anstifter nichts unternommen worden sei: »Wir wollen nur bekennen«, sagte Clemens in Gegenwart seines Kämmerers, »daß wir dem Aretiner Unrecht getan haben, ... denn damals war uns Gian Matteo Giberti, der Verwalter unserer Geheimnisse, wichtiger als er.«

Nicht nur Giberti, der alle Schuld von sich wies, kam hierbei ohne jede Untersuchung davon. Auch der Täter, Achille della Volta, ging straflos aus, obwohl er der Tat dringend verdächtig war.

Statt seiner wurden neun andere Männer als Verdächtige ins Gefängnis gesteckt, während della Volta zu geistlichen Würden aufstieg und als apostolischer Nuntius nach Piacenza gesandt wurde. Als ihm später der Prozeß wegen eines anderen Mordanschlags gemacht wurde, stritt er diesen zwar ab, gestand aber den Anschlag auf Aretino. Dabei gab er zu, daß er Aretino nach dem versuchten Mord sein

Mitgefühl ausgesprochen hatte, um jeden Verdacht von sich abzulenken.

Zunächst einmal konnte sich aber Aretino glücklich schätzen, mit dem Leben davongekommen zu sein. Nach einer Woche machte der mantuanische Gesandte dem Markgrafen die erfreuliche Mitteilung, daß das Schlimmste überstanden sei: »Um die Wunden Pietro Aretinos steht es schon besser. Obwohl es Brustwunden und noch dazu recht ansehnlich tiefe sind, ist er doch durch die Kunst eines Arztes, der ein Öl angewendet hat, das ganz ausgezeichnet für Wunden ist, nicht nur außer Gefahr, sondern hofft sogar, in Kürze ganz wiederhergestellt zu sein.« Federico Gonzaga nahm diese Nachricht mit Erleichterung auf, denn, so schrieb er, »mich schmerzt sein Unfall sehr, weil er zu meinen vertrauten Freunden gehört«.

Obgleich Aretino über eine sehr robuste Konstitution verfügte, dauerte sein Genesungsprozeß länger als er vermutet hatte. Erst im Oktober, drei Monate nach dem Attentat, wurde er aus dem Krankenhaus entlassen. Während seines Krankenlagers hatte er allerdings reichlich Zeit gehabt, sich mit seinen Gegnern Giberti und dessen Vertrauten Francesco Berni auseinanderzusetzen, der über seinen verhaßten Konkurrenten ein Sonett mit übelsten Unterstellungen verfaßt hatte. Bernis Schmähverse wurden die Hauptquelle für die anonyme Lebensgeschichte Aretinos, die jahrhundertelang als authentisch galt und von vielen Historikern und Biographen zitiert wurde. Auch andere Gegner Aretinos wagten jetzt, ihn mit Schmähschriften anzugreifen. Einer von ihnen, dem das Gerücht zu Ohren gekommen war, Aretino sei seinen Stichwunden erlegen, setzte sogar eine höhnische Grabinschrift für ihn auf.

Auch auf dem Krankenlager war Aretino nicht müßig, wehrte sich nach Kräften mit Pasquino-Tiraden gegen seine Gegner und forderte vom Papst Gerechtigkeit und Wiedergutmachung. Da er aber feststellen mußte, daß Clemens gegen den Datar nichts unternahm, begriff er, daß er seine Rolle am päpstlichen Hof, zumindest vorläufig, ausgespielt hatte. Clemens VII. war von der Politik so sehr in Anspruch genommen, daß er für die Klagen des Mannes, der ihn so vorbehaltlos unterstützt hatte, keine Zeit aufbrachte. Verbittert sagte Aretino später, die sieben Jahre, die er im Dienst der beiden Medici-Päpste verbracht habe, seien vergeudet gewesen.

In seiner Komödie *Die Kurtisane* ließ Aretino seiner Enttäuschung freien Lauf: Als Flaminio einen Freund trifft, der seinen Sohn gern am päpstlichen Hof unterbringen möchte, rät er dem Freund dringend von einem solchen Entschluß ab, zieht mit aller Schärfe über das Hofleben und über den päpstlichen Hof unter Papst Clemens VII. her und kritisiert heftig, daß dort sogar Mordversuche ungesühnt blieben. In der Hölle werde nur die Seele, am päpstlichen Hof aber würden Seele und Leib gefoltert, warnt er den Freund. Er selbst, sagt Flaminio bedrückt, sei entschlossen, Rom zu verlassen, auch wenn er das nur mit schwerem Herzen tue. Und auf die Frage des Freundes, wohin er denn gehen wolle, antwortet Flaminio: »Ich will nach Mantua gehen, wo der ausgezeichnete Markgraf Federico niemandem das Brot versagt.«

So jedenfalls steht es in der ersten damals veröffentlichten Fassung der Komödie *Die Kurtisane*. Auch die Ursache für Flaminios Weggang aus Rom wird genannt. Der Freund wirft nämlich Flaminio vor, er habe dem Hof gegenüber nie genügend Rücksicht gezeigt, sondern immer getadelt, wenn er etwas zu beanstanden fand. Diese Offenheit werde ihm immer schaden. Flaminio, den man unschwer mit Aretino identifizieren kann, besteht aber auf seinem edlen Prinzip: »Lieber soll es mir schaden, wenn ich die Wahrheit sage, als mir nützen, wenn ich lüge.« Und in dramatischem Ton ruft er aus: »Ich werde niemals schweigen!«

Am 13. Oktober 1525 verließ Aretino die Stadt, in der

er seine literarische Laufbahn begonnen hatte. Insgesamt neun Jahre hatte er, mit einigen Unterbrechungen, in Rom verbracht, hatte die bedeutendsten Künstler, Schriftsteller und Gelehrten Italiens kennengelernt und seinen eigenen Ruf als vielseitiger Literat und unerschrockener Satiriker begründet.

Nikolaus von Schönberg, der Aretino schätzte, hatte dem Markgrafen Federico Gonzaga angekündigt, daß der enttäuschte Schriftsteller sich wohl bald in Mantua sehen lassen werde. Aber der Markgraf wartete vergeblich. Aretino machte sich auf den Weg zu seinem Freund Giovanni dalle Bande Nere.

TOD IM SCHNEE

So unentschieden Papst Clemens VII. in vielen politischen Belangen war, so wankelmütig zeigte er sich auch in manchen persönlichen Beziehungen. Kaum hatte Aretino Rom den Rücken gekehrt, da schien es dem Papst doch geraten, den Stimmführer aller römischen Pasquillanten wieder an seine Seite zu bitten. Aretinos Wirkung als polemische Kraft war also durch seinen Weggang nicht gebrochen, sondern schien eher noch höher als zuvor eingeschätzt zu werden: Eine der mächtigsten Gestalten der damaligen Welt, der Papst persönlich bemühte sich nachdrücklich um einen Literaten aus der Provinz. Hier ging es offensichtlich nicht mehr um einen begabten Unterhaltungskünstler, sondern um eine Persönlichkeit, der eine politische Wirksamkeit zugestanden werden mußte.

Durch seinen Sekretär Giovanni Battista Sanga versuchte Clemens, den verbitterten Aretino dazu zu bewegen, wieder nach Rom zurückzukehren. Der Papst stellte ihm sogar Entschädigungsgeschenke in Aussicht, sobald sich die gefährliche politische Lage entschärft habe. Aber der umworbene Schriftsteller blieb standhaft.

»Ohne Aretino kann ich nicht leben«, hatte Giovanni dalle Bande Nere ihm schon vor Monaten geschrieben und ihn dringend wieder zu sich eingeladen. Diese herzlichen Worte waren aufrichtig gemeint, Aretino konnte sie ernstnehmen. Das ganze Jahr 1526 verbrachte er bei seinem Freund, dem Condottiere, und dessen Soldaten. In dieser eher kargen Umgebung, unter derben Männern, die meist nichts anderes als das Kriegshandwerk gelernt hatten, fühlte er sich anscheinend wohler als an den Höfen mit ihrem Intrigenklima – einem Klima allerdings, das seine Produktivkräfte geweckt hatte und dem er seinen Ruf als Sprachrohr der öffentlichen Meinung verdankte. Im Feldlager des Condottiere, wo er täglich von schwerbewaffneten Soldaten umgeben war, brauchte Aretino jedenfalls keine Sorge zu haben, daß ihn nachts ein heimtückischer Dolchstoß treffen könnte.

Auch vom Condottiere in Fano aus konnte Aretino seinen Einfluß bei den Mächtigen geltend machen. Als zum Beispiel ein Untergebener Giovannis wegen eines unbeabsichtigten Totschlags ins Gefängnis kam, sprach Aretino beim Markgrafen von Mantua so überzeugend zugunsten des Angeklagten, daß dieser nicht nur freigelassen, sondern sogar von Federico in Dienst genommen wurde.

Wie der Markgraf von Mantua, so schätzte auch der Herzog von Urbino den Aretiner ganz besonders. Der Respekt, mit dem Fürsten ihm begegneten, war manchmal nicht nur für Aretino selbst, sondern für alle Seiten von Nutzen. Da Giovanni de' Medici sein Temperament manchmal nicht zügeln konnte, glich Aretino aufflammende Streitigkeiten zwischen dem Condottiere und den Fürsten oft beschwichtigend aus. Als Francesco Maria della Rovere vor Mailand einmal mit dem Söldnerführer hart aneinandergeriet und der Condottiere das Kommando niederlegen wollte, weil der Herzog ihn am entscheidenden Vorstoß gegen Mailand gehindert hatte, brachte Aretino seinen zornigen Freund von diesem Entschluß ab, weil sonst die Liga in Gefahr geraten wäre.

Neben den kleineren Gefechten und Belagerungen, an denen er als Beobachter teilnahm, fand Aretino im Feldlager genügend Zeit zum Schreiben. Der Markgraf von Mantua, der in Rom durch seinen Geschäftsträger alles sammeln ließ, was aus Aretinos Feder floß, bat unter anderem auch um die inzwischen fertiggestellte erste Fassung der Komödie *Die Kurtisane* und bedankte sich dafür mit reichen Geschenken.

Giovanni de' Medici genoß das Freundschaftsverhältnis mit dem geistreichen und vitalen Literaten. Als Soldat wünschte er sich noch größeren Kriegsruhm und träumte von einer Befreiung ganz Italiens von den »Barbaren«. Als Lohn für den ersehnten Sieg in einer großen Schlacht erhoffte sich der Condottiere, den man wegen seiner schnellen Entscheidungen und seiner meist erfolgreichen Kämpfe den »Kriegsblitz« nannte, ein eigenes Fürstentum, wie es sein Vorfahre, der berühmte Francesco Sforza, für sich errungen hatte. Giovanni de' Medici sah die Herrschaft über Florenz als sein Traumziel. Doch darüber würde Papst Clemens VII. zu entscheiden haben, dessen Zuneigung aber zwei anderen Medici-Abkömmlingen galt: Ippolito und Alessandro. Mit diesen beiden jungen und kriegerisch völlig unerfahrenen Männern hätte es der Condottiere allerdings mühelos aufnehmen können.

Aber Giovannis Traum von der Florentiner Herrschaft sollte sich nicht erfüllen. Die kaiserlichen Landsknechte, angeführt von Georg von Frundsberg, setzten ihm bei der Brücke von Governolo ein jähes Ende.

Der gefürchtete alte Landsknechtführer, der, wie erzählt wurde, an seinem Sattel einen goldenen Strick hängen hatte, mit dem er Papst Clemens aufknüpfen wollte, war mit seinen Truppen aus Südtirol nach Italien einmarschiert. Der Herzog von Urbino hatte aber die Pässe zwischen dem Gardasee und der Etsch so eng mit seinen Soldaten besetzt, daß die Landsknechte gezwungen waren, sich einen anderen Weg zu suchen; dieser führte sie in das Gebiet von Brescia und damit direkt in die Arme von Giovanni de' Medicis Söldnertruppe. Die schnellen Reiter des Condottiere brachten dem schwerfälligen Fußvolk des Grafen Frundsberg so viele Verluste bei, daß der Landsknechtführer sich gezwungen sah, in das Gebiet von Mantua zu ziehen, statt, wie geplant, nach Mailand vorzustoßen. Frundsberg fluchte über den »großen Teufel« Giovanni, der ihm ständig auf den Fersen blieb.

Dies alles gehörte zum Plan der Liga gegen den Kaiser. Der Markgraf von Mantua hatte Frundsberg Schiffe versprochen, die er bei Borgoforte vorfinden sollte. Aber mit diesem Versprechen sollte der Landsknechtführer in eine Falle gelockt werden: Im sogenannten Serraglio von Mantua, das im Osten vom Mincio, im Süden vom Po, im Westen von Gräben und einer Mauer umschlossen war, sollte Frundsberg mit seiner gesamten Truppe abgefangen werden.

Doch der erfahrene Krieger erkannte noch rechtzeitig, daß er getäuscht worden war. Als er die versprochenen Schiffe nicht vorfand, begann er sofort damit, die Brücke von Governolo, die den einzigen Ausweg aus dem Wall bildete, durch seine Soldaten zu sichern.

Am frühen Morgen des nächsten Tages erschien das Heer der Liga unter der Führung des Herzogs von Urbino und des Condottiere Giovanni de' Medici bei Borgoforte und wollte die kaiserlichen Landsknechte von dem Damm, der nach Governolo führte, abdrängen. Aber die Landsknechte hielten diesem Angriff stand, und mit Unterstützung des Herzogs von Ferrara, der die Truppen mit Proviant und Artillerie versorgte, gelang ihnen der Durchbruch; der Weg nach Mailand war frei.

Die päpstlichen Truppen hatten nicht nur eine Schlacht verloren. Sie hatten auch einen ihrer fähigsten Feldhauptleute eingebüßt: Beim Kampf um die Brücke war Giovanni dalle Bande Nere von einem Musketenschuß in dasselbe Bein getroffen worden, das bereits bei der Schlacht von Pavia verletzt worden war. Aber diesmal war die Verwundung, die der achtundzwanzigjährige Söldnerführer erlitten hatte, lebensgefährlich.

»Kaum hatte er den verhängnisvollen Schuß empfangen, als das ganze Heer von Trauer und Schrecken befallen wurde«, schrieb Aretino in einem Brief an Francesco degli Albizzi, der den Condottiere auf die Seite Franz' I. gezogen hatte. »Ade, kecker Mut und lustiges Lagerleben! Jeder, indem er sich selbst vergaß, beklagte das Schicksal, das dem edlen Führer bei Beginn seiner neuen, zum größten Nutzen Italiens begonnenen Unternehmungen drohte. Alle sprachen von seiner eben erst zur Blüte gelangten Jugend, von seinen großen Plänen, von dem, was er noch alles hätte erreichen können, von seinem unnachahmlichen Mut, von seinem weiten Blick, von seinem furor bellicus und von seiner wunderbaren Beharrlichkeit. Schließlich schmolz der Schnee, der in dichten Flocken niederfiel, unter der Wärme des allgemeinen Bedauerns.«

In einer Sänfte wurde der Verwundete nach Mantua, in das Haus des ihm befreundeten Luigi Gonzaga gebracht. Am selben Abend besuchte ihn der Herzog von Urbino, der bei seinem Anblick anscheinend keine Hoffnung mehr für den Verletzten sah. »Ihr dürft Euch nicht daran genügen lassen, ein berühmter und ausgezeichneter Soldat zu sein«, mahnte Francesco Maria della Rovere behutsam. »Ihr müßt Euch auch den Geboten des Glaubens unterwerfen, dem wir seit unserer Geburt anhängen.« Der Condottiere begriff wohl, daß der Herzog auf die Beichte anspielte und sagte: »Wie ich immer in allen Dingen meine Pflicht getan habe, so werde ich sie auch jetzt tun, wenn es sein muß.«

Aretino war Zeuge dieses Gesprächs. Er blieb auch weiterhin in der Nähe seines Freundes und berichtete in Briefen über dessen letzte Stunden. Als Giovanni sich besonders lobend über die Treue seines Hauptmanns Lucantonio äußerte, schlug Aretino vor, ihn holen zu lassen. Aber der Condottiere lehnte diesen Vorschlag ab: »Soll ein Mann wie er das Kampffeld verlassen, um einen Kranken zu sehen?« Über die Folgen des Krieges sorgte er sich sehr.

Als die Ärzte die Operation vorbereiteten, baten sie Aretino, den Verwundeten schonend davon in Kenntnis zu setzen. »Ich würde Euerm Mut Unrecht tun, wenn ich Euch mit gemalten Worten die Überzeugung beibringen wollte, daß der Tod alle Übel heilt und mehr furchterregend als schwer zu tragen ist«, umschrieb Aretino die heikle Situation, um den Patienten dann zu ermutigen: »Da es aber höchstes Glück ist, alles freiwillig zu tun, so laßt Euch von dem Schaden befreien, den das Geschoß Euch schlug, und in acht Tagen werdet Ihr Italien, das heute eine Sklavin ist, zur Königin machen können. Wenn Ihr auch lahm bleibt, so tragt Eure Lahmheit statt des Ordens vom König, den Ihr niemals um den Hals legen wolltet; denn Wunden und der Verlust von Gliedern sind ja die Halsketten und Medaillen der Diener des Kriegsgottes.«

Der Condottiere willigte sofort in die Operation ein. Die Ärzte gaben ihm ein schmerzlinderndes Beruhigungsmittel und teilten ihm mit, daß acht bis zehn Männer ihn festhalten müßten, wenn das Bein amputiert werde. »Nicht einmal zwanzig würden mich halten«, sagte der Condottiere mit gewohnter Tapferkeit und hielt das Licht hoch, um den Ärzten bei der Amputation zu leuchten.

Bald nach der Operation schien es dem Patienten relativ gut zu gehen. Er meinte, er sei nun geheilt, und ließ sich das abgesägte Bein zur Ansicht bringen. Gegen Morgen aber verschlechterte sich sein Zustand, die Schmerzen wurden unerträglich, und Giovanni de' Medici rief nach dem Priester. Er wollte in aller Öffentlichkeit beichten, denn er war sich keiner Schuld bewußt und fürchtete deshalb keine üble Nachrede. Auf Aretinos Bitte hin kam auch der Markgraf von Mantua, der mit dem Condottiere verfeindet gewesen war, an das Bett des Kranken und versöhnte sich mit ihm. Nur seinen kleinen Sohn Cosimo, der mit seiner Mutter, Maria Salviati, in Florenz war, konnte Giovanni nicht mehr sehen. Bevor Cosimo, der zukünftige Herrscher von Florenz, zu seinem Vater gebracht werden konnte, war dieser schon tot. Kurz vorher hatte er, noch bei Bewußtsein, gesagt: »Wenn es mir besser geht, werde ich den Deutschen zeigen, wie man kämpft und wie ich mich zu rächen weiß.«

In einem langen Trauerzug wurde der tote Söldnerführer durch die Straßen Mantuas zur Kirche San Francesco getragen. Der Markgraf folgte dem Sarg mit seinem Hofstaat, und die gesamte Bevölkerung der Stadt nahm großen Anteil. Die Trauer war nicht gekünstelt, denn wie es aussah, wurde hier nicht nur ein draufgängerischer Soldat zu Grabe getragen, sondern auch eine große Hoffnung für die Zukunft Italiens. So jedenfalls sah es Niccolò Machiavelli, der sich Giovanni de' Medici als den Führer eines nationalen Heeres gewünscht hatte, um sich gegen die fremden Mächte zu wehren.

Aretino hatte seinen vertrautesten Freund verloren. Und er sah voraus, was der Tod des erfolgreichen Söldnerführers für Italien bedeuten würde. Seinen Brief an Francesco degli Albizzi schloß er mit den Worten: »Florenz und Rom – wolle Gott, daß ich mich irre! – werden bald erfahren, was es heißt, daß er nicht mehr da ist!«

Für Papst Clemens VII. war die Nachricht von Giovannis unerwartet frühem Tod die denkbar unangenehmste Botschaft. Denn jetzt, nachdem auch noch der Herzog von Ferrara zum Kaiser übergetreten war, konnten die Landsknechthorden Karls V. sich ungehindert in Richtung Rom bewegen. Der verzweifelte Ausruf des Papstes beim Anmarsch der feindlichen Truppen macht deutlich, von wem man als einzigem Hilfe erwartet hätte: »Wenn doch nur der unbesiegte, ausgezeichnete, große Giovanni de' Medici noch am Leben wäre!«

Auf Aretinos Wunsch hin hatte Giulio Romano die Totenmaske des Medici genommen, nach der Tizian später in Venedig ein Porträt malte und Jacopo Sansovino die Statue des Condottiere modellierte.

Aretino hatte zum ersten Mal gezeigt, daß er nicht nur über eine besondere Begabung für Scherz, Satire und Ironie, sondern auch über andere Empfindungen verfügte: Auf das Grabmal Giovannis schrieb er den Nachruf: »Die Grabschrift bin ich und das andere hier ist nur die Hülle, die den Sohn des Kriegsgottes umschließt. Beim Po löschte das deutsche Eisen den furchterregenden, hochgesinnten Giovanni aus, dem das Licht der Ehre die Schläfen umfloß.«

Für Aretino war die Zukunft nun wieder ungewiß. Nach Rom, zu dem entscheidungsschwachen Papst, wollte er nicht zurück, zumal abzusehen war, daß die Stadt bald kein sicherer Ort mehr sein würde. In Mantua, bei Markgraf Federico Gonzaga, war er zwar höchst willkommen, aber die Stadt war trotz ihrer Kunstfreundlichkeit zu klein für seine schriftstellerischen Ambitionen. Doch vorläufig schien es keine andere Möglichkeit für ihn zu geben, und so nahm er die Gastfreundschaft des Markgrafen dankbar in Anspruch. Er verfaßte neue Satiren gegen den Papst und die Kardinäle, und begeistert schrieb Federico im Januar 1527 über seinen Gast: »In einem Monat hat er, in Vers und Prosa, soviel komponiert, wie es alle Genies in Italien in zehn Jahren nicht fertigbringen würden.«

Außer seiner gewohnten Tätigkeit als »Kanzler Pasquinos« für die Verhältnisse in Rom nahm Aretino aber auch kritisch wahr, was um ihn herum in Mantua passierte. Durch einen Vorfall am Hof der kleinen Stadt ließ er sich zu seiner zweiten Komödie, *Der Stallmeister*, anregen: Der homosexuelle Protagonist, der wegen seiner Neigung verspottet wird, soll auf Befehl des Markgrafen gegen seinen Willen verheiratet werden. Als er schließlich die »Braut« entschleiert, stellt er zu seiner Erleichterung und zum Gelächter des Publikums fest, daß es sich bei seiner Angetrauten um einen Pagen handelt.

Doch auf die Dauer schien Aretino das Hofleben, das er in Mantua, Florenz und Rom hinreichend kennengelernt hatte, zu langweilen, auch wenn er vom Markgrafen hofiert wurde und von anregenden Freunden, wie zum Beispiel Giulio Romano, umgeben war.

In der zweiten Fassung von Aretinos Komödie *Die Kurtisane* sagt Flaminio: »Ich werde vielleicht nach Venedig gehen. Dort wenigstens hängt man weder von einem Gönner noch von einer Gönnerin ab, die einen armen Kerl ermorden lassen können. Nur in Venedig hält Justitia ihre Waage ohne Schwanken. Nur dort zwingt dich nicht die Furcht vor der Ungnade eines anderen, einen Menschen anzubeten, der gestern noch ein Schuft war … ganz gewiß ist es das Paradies auf Erden.«

Dieses Paradies wollte Aretino sich mit seiner Feder erobern.

»Der Sekretär der ganzen Welt«

Am 25. März 1527 traf Aretino in Venedig ein. Hier sollten sich seine kühnen literarischen Träume erfüllen. Denn in den fast drei Jahrzehnten bis zu seinem Tod wurde Aretino in dem freiheitlichen Klima der Lagunenstadt zu einem in ganz Europa bekannten, außerordentlich produktiven Schriftsteller. Gleichzeitig tat der »göttliche« Aretino alles, um auch seinem Ruf als »Geißel der Fürsten und Freund der Frauen« gerecht zu werden.

Venedig stand damals noch in hoher kultureller Blüte. Seit dem 14. Jahrhundert hatte sich die Stadt enorm entfaltet. Sie war nicht nur die stärkste Seemacht, mit einem großen Kolonialbesitz, sondern sie beherrschte auch Padua und war damit eine Landmacht geworden, die sich ständig weiter ausdehnte. Seit 1523 war Andrea Gritti der Doge von Venedig. Bevor er mit fast sechzig Jahren zum Herrscher über die Lagunenstadt gewählt wurde, war er General-inspekteur des Heeres. Er galt als scharfsinniger Kopf und vorzüglicher Menschenkenner, der neben den Staatsgeschäften immer noch Zeit für geistreiche Unterhaltung fand. Manche Venezianer, die mit seiner Wahl zum Dogen nicht einverstanden gewesen waren, warfen ihm Ruhmsucht, Selbstherrlichkeit und eine Neigung zu Pomp und Prunk vor. Gritti bemühte sich, diesen Eindruck zu verwischen, indem er sich gegenüber seinen Landsleuten großzügig und freundlich zeigte, mit seinem Vermögen freigebig umging und zum Beispiel das in seinen Speichern lagernde Getreide zu sehr niedrigen Preisen an bedürftige Venezianer verkaufte.

Ein selbstbewußter, prachtliebender Mann wie der Doge
Gritti, der den geistigen wie den leiblichen Genüssen zugetan war, reagierte natürlich sehr erfreut auf einen Brief, den
Aretino ihm einige Zeit nach seiner Ankunft schickte und in
dem er dem Dogen höflichst seine Absicht mitteilte, die
kommenden Jahre in Venedig verbringen zu wollen. Der
Doge hatte genügend über den Schriftsteller gehört, um zu
wissen, daß ein so bekannter und einflußreicher Mann, der
in Florenz, Rom und Mantua mit Herrschern wie mit sei-
nesgleichen umging, für Venedig ein Gewinn sein konnte.
In Aretinos Brief hieß es denn auch:

»... So muß ich denn die Stadt rühmen und Euch; die Stadt, weil
sie mich aufgenommen hat, und Euch, weil Ihr mich vor der Verfolgung durch andere geschützt habt. Da ich nun in der Freiheit
eines solchen Staates selbst frei zu sein gelernt habe, so ver-
schmähe ich auf ewig das Hofleben und will hier in Venedig für
den Rest meines Lebens meine Zelte aufschlagen. Denn hier findet
kein Verrat statt, hier geht Begünstigung nicht vor Recht, hier
herrscht nicht die Grausamkeit der Huren, hier gebietet nicht die
Frechheit der weibischen Männer, hier stiehlt man nicht, hier wird
man nicht vergewaltigt und nicht ermordet. Weil ich der
Schrecken der Schuldigen, die Zuflucht der Guten gewesen bin,
weihe ich mich Euch, den Vätern Eures Volkes, den Brüdern Eurer
Sklaven, den Söhnen der Wahrheit, den Freunden der Tugend, den
Genossen der Fremden, den Stützen der Religion, den Wahrern
der Treue, den Dienern der Gerechtigkeit, den Schatzkammern des
Mitleids, den Untertanen der Milde. Darum, erhabener Fürst,
nehmt meine Zuneigung mit Barmherzigkeit auf, damit ich preisen kann die Nährerin der anderen Städte und die von Gott auser-
wählte Mutter, die die Welt berühmt macht, die Sitten verfeinert,
dem Menschen Menschlichkeit verleiht, die Stolzen demütigt und
den Fehlenden verzeiht ... O Vaterland für alle! O allgemeine Freiheit! O Asyl der verstreuten Völker! ... Diese Stadt umarmt dich,
wenn andere dich abschütteln, sie sättigt dich, wenn andere dich
verhungern lassen, sie nimmt dich auf, wenn andere dich verja-
gen, und indem sie dich in den Drangsalen tröstet, erhält sie dich

in Liebe und Barmherzigkeit ... Schweigen mögen die anderen Städte, denn hier gibt es keine Geister, welche die Freiheit tyrannisieren wollen. Darum begrüße ich mit Hochachtung Eure wahrhaftige Berühmtheit ...«

Dies ist nur ein Auszug aus der bombastischen Epistel, die Aretino dem Dogen als Empfehlungsschreiben in eigener Sache präsentierte. Das hymnische Lob, das der Gast dem Dogen und der Stadt spendete, konnte zugleich als eine Selbstdarstellung des Autors gelten, die dem Empfänger demonstrierte, wes Geistes Kind der Verfasser war. Sollte Gritti es noch nicht gewußt haben, so konnte er diesem Schreiben entnehmen, daß er es mit einem welterfahrenen, wortgewaltigen Mann zu tun hatte, dessen rhetorische Brillanz nur noch von seinem Gerechtigkeitssinn übertroffen wurde. Daß Aretino diesen Gerechtigkeitssinn oft ziemlich eigennützig auslegte und daß auch sein Wahrheitsbegriff recht subjektiv war, brauchte den Dogen von Venedig nicht weiter zu kümmern, solange Aretino nicht die Stadt oder deren Regierung mit Satire überzog, wie er es in Rom getan hatte. Aber Aretino versprach in Venedig von Anfang an Wohlverhalten, und er hielt sich an dieses Versprechen.

Welche persönlichen Kontakte Aretino nach Venedig führten, ist nicht ganz sicher. Schon aus seiner Zeit im Palast des päpstlichen Bankiers Agostino Chigi kannte Aretino den Kardinal Andrea Cornaro, der aus einer einflußreichen venezianischen Familie stammte, der auch die frühere Königin von Zypern, Caterina Cornaro, angehört hatte, die im Juli 1510 in Venedig gestorben war. Einige Briefzitate Aretinos deuten darauf hin, daß der romflüchtige Literat zumindest eine Zeitlang im Cornaro-Palast aufgenommen wurde, bevor er das Haus der angesehenen Familie Bollani am Canal Grande beziehen konnte.

Das prächtige Haus des Domenico Bollani lag in der interessantesten Gegend des großen Kanals, an der Ecke zum

Rio San Giovanni, in der Kirchengemeinde von Santi Apostoli. Nach rechts ging der Blick zum Fleischmarkt (Beccarie) und zum Fischmarkt (Pescaria), nach links bis zum Fondaco dei Tedeschi und zur Rialto-Brücke. Genau gegenüber war der Rialto-Markt, wo Früchte, Gemüse, Wild und Geflügel aus den Lastkähnen geladen und an die Verkaufsstände transportiert wurden.

Aretino genoß »das Spektakel der zwanzig oder fünfundzwanzig melonenbeladenen Segelboote, die sich fast zu einer Insel zusammendrängen. Die Menge kommt herbeigelaufen, um den Preis zu erfahren, sie zu riechen und zu wiegen.« Er bewunderte die ›novizie‹, die jungen Bräute, die stolz und schön in Gondeln durch die Kanäle der Stadt fuhren, um sich in ihren Seidenkleidern und ihrem Gold- und Juwelenschmuck bewundern zu lassen. Und die Zuschauer am Ufer klatschten Beifall, außer, wenn Gondolieri vergessen hatten, die rituellen roten Strümpfe anzuziehen, die zu einer solchen Fahrt gehörten. Solche nachlässigen Bootsleute und ihre Gäste wurden mit Pfiffen, Geschrei und Hohngelächter bedacht. Noch mehr amüsierte sich Aretino, als ein Boot mit Deutschen, die gerade aus einer Taverne gekommen waren, im Verkehrsgewühl auf dem Kanal umkippte und die angetrunkenen Fahrgäste allesamt ins kalte Wasser fielen.

Zweiundzwanzig Jahre lang bewohnte Aretino die Casa Bollani. Hier empfing er Gäste aus aller Welt, gab aufwendige Feste für seine Freunde und lebte wie ein Fürst. Denn seine Produktivität schien unerschöpflich zu sein. Er verfaßte Komödien und eine Tragödie, Schmähverse und Lobgedichte, böse Voraussagen für die Zukunft und frivole Kurtisanengespräche, religiöse Schriften und immer wieder Briefe. Einer seiner berühmtesten, datiert vom Mai 1544, war an Tizian gerichtet, mit dem er sich schon bald nach seiner Ankunft in Venedig angefreundet hatte und der für ihn »ein Kamerad und mehr als ein Bruder« war.

An jenem Frühsommerabend hatte Aretino sich unpäßlich gefühlt, war aber dafür mit einem Anblick entschädigt worden, der ihn in solche Begeisterung versetzte, daß er ihn in malerischen Worten zu Papier bringen mußte:

»Nachdem ich, Herr Gevatter, das Unrecht begangen, ganz gegen meine Gewohnheit allein oder vielmehr in Gesellschaft des Wechselfiebers zu speisen, das mir den Appetit an jeglicher Mahlzeit verdirbt, stand ich vom Tisch auf, gesättigt mit der Verzweiflung, in der ich mich hingesetzt hatte. So stützte ich die Arme auf das Fensterbrett und lehnte mich weit hinaus, indem ich mich ganz der Betrachtung des wunderbaren Schauspiels hingab, das die zahllosen Barken voll von Fremden und Einheimischen boten. Diese Barken schienen nicht nur den Zuschauer, sondern den Canal Grande zu erfreuen, der jeden erfrischt, welcher ihn durchfährt und der sofort das Vergnügen zweier Gondeln lieferte, mit einer gleichen Zahl von Insassen, die um die Wette fuhren [gemeint ist das Spiegelbild im Wasser]. Ich hatte viel Freude an der Menge, die, um das schöne Bild anzuschauen, auf dem Ponte Rialto, an der Riva dei Camerlinghi, an der Pescaria, an der Fähre nach Santa Sofia und am Weinhaus stehengeblieben war.

Und als die Scharen mit fröhlichem Beifall wieder ihres Weges gingen, da wandte ich wie ein Mensch, der sich selbst zuwider ist und der nicht weiß, was er mit seinem Fühlen und Denken anfangen soll, die Augen plötzlich zum Himmel, der, seitdem Gott ihn schuf, niemals von einem so entzückenden Gemälde von Licht und Schatten verschönt war; das gab der Luft eine Färbung, die gern diejenigen zum Ausdruck bringen möchten, die Euch um Eure Kunst beneiden. Darum will ich es Euch schildern: Zunächst schienen die Häuser, obwohl aus wirklichen Steinen, aus einer künstlichen Masse geformt. Sodann stellt Euch die Luft vor, die an einigen Stellen rein und frisch, an anderen trüb und tot war. Erwägt auch das Wunder, das ich in den von dichter Feuchtigkeit erfüllten Wolken sah, die in der Hauptansicht halb auf den Dächern der Häuser zu liegen schienen und halb in dieser Feuchtigkeit verschwammen, denn rechter Hand war alles in einen schwarzgrauen Dunst gehüllt. Ich staunte über die Verschiedenheit des Kolorits der Wolken. Die nächsten lohten in den Flammen des

Tizian, *Selbstbildnis* (Ausschnitt), 1570. Madrid, Museo del Prado

Sonnenfeuers und die entfernteren glühten zinnoberrot. Oh, mit was für einer schönen Linienführung dehnte der Pinsel der Natur die Luft in die Weite und hob sie ab von den Palästen, in der Art, wie es Vecellio in seinen Landschaften macht. An manchen Stellen kam ein azurnes Grün, an anderen ein azurfarbenes Blau zustande, das aus allen Seltsamkeiten komponiert war von der Natur, der Meisterin der Meister. Sie verschmolz und hob hervor durch Hell und Dunkel, was ihr hervorzuheben oder zu verschmelzen gut schien, so daß ich, der ich sehr wohl weiß, wie Euer Pinsel Geist von ihrem Geiste ist, drei- oder viermal ausrief: ›Tizian, wo seid Ihr nur?‹ Hättet Ihr gemalt, was ich Euch erzählte, so würdet Ihr die Menschheit in das gleiche Erstaunen versetzt haben, das mich erfüllte.«

Aretino muß Tizian schon sehr bald nach seiner Ankunft in Venedig persönlich kennengelernt haben, denn bereits ein Vierteljahr später, im Juni 1527, malte Tizian ein Porträt des Aretiners. Insgesamt hat Tizian den Schriftsteller, wie Giorgio Vasari in seinen Künstlerbiographien berichtet, sechsmal dargestellt, was nicht nur ein Zeichen für Aretinos offenkundige Bedeutung war, sondern auch ein Beweis für die freundschaftliche Beziehung der beiden Männer.

Sein erstes Porträt schickte Aretino, zusammen mit einem anderen Gemälde von Tizians Hand, an den Markgrafen von Mantua als Dank für erwiesene Großzügigkeiten. Außerdem versprach er Federico in einem Brief, er werde noch zwei weitere Kunstwerke folgen lassen, die er bereits in Auftrag gegeben habe. Eines davon sei ein Gemälde von Sebastiano del Piombo, das andere eine Venus, die Jacopo Sansovino für ihn gestalten werde.

Der Bildhauer und Architekt Sansovino war ebenfalls ein guter Freund Aretinos. Beide hatten sich schon in Rom kennengelernt, und nach der Plünderung der Stadt war Sansovino ebenfalls nach Venedig gekommen. Die Freunde schätzten einander auch als Künstler sehr: »Ihr, unsterblicher Sansovino«, schrieb Aretino in einem Brief, »habt der

Welt gezeigt, wie man Bronze und Marmor ebensoviel Gefühl wie Bewegung geben kann.«

Zu seinem langjährigen Freund und großzügigen Gastgeber, dem Markgrafen von Mantua, unterhielt Aretino trotz gelegentlicher politischer Meinungsverschiedenheiten immer noch eine gute Beziehung. Federico Gonzaga zeigte sich auch weiterhin als Verehrer Aretinos. Bald nach dessen Ankunft in Venedig hatte er dem Romflüchtling Gold und wertvolle Kleidungsstücke zukommen lassen. Aretino liebte den auch nach außen hin sichtbaren Aufwand um seine Person, denn damit konnte er seine unbestrittene Wichtigkeit demonstrieren und sich gleichzeitig auch optisch wirkungsvoll in Szene setzen. »Er tat sich etwas auf seine stattliche Gestalt zugute und war bestrebt, sie noch durch prächtige Gewänder zu heben«, schrieb der Aretino-Forscher Alfred Semerau. »Er war naiv eitel und stolz darauf, daß er alle Mittel, die er für sein Wohlleben brauchte, nur sich und seinem Talent verdankte.«

Für Aretino war es selbstverständlich, daß er die Geschenke, die man ihm machte, nicht etwa unterwürfig, sondern als eine Art Tributzahlung entgegennahm, die man ihm für seine Machtposition schuldete und die er gegebenenfalls auch ungnädig einforderte, wenn sie nach seinem Empfinden zu lange auf sich warten ließ.

Außer vom Markgrafen von Mantua wurde Aretino auch von anderen Gönnern beschenkt, sei es aus Verehrung für sein literarisches Talent oder aus Furcht vor seiner spitzen Feder. Die Markgrafen von Musso und Montferrat, der Prälat Gaddi, die Grafen Rangoni, Stampa und Collalto sandten ihm von Zeit zu Zeit Geld und prächtige Stoffe oder Gewänder. Sehr zufrieden berichtete Aretino dem Markgrafen von Mantua im Frühsommer 1529, daß er am Himmelfahrtstag einen mit Goldstoff gefütterten und mit Goldschnüren besetzten Rock aus schwarzem Samt sowie ein Wams und einen Mantel aus Brokat getragen habe.

Seine bedeutendsten Gönner waren allerdings Kaiser Karl V. und König Franz I. von Frankreich. Beide beschenkten Aretino nicht nur mit wertvollen Halsketten, sondern boten ihm auch großzügige Jahrespensionen an. Der Kaiser hielt seine Zusage ein, während der französische König mit der Realisierung seines Versprechens zögerte. »Ich bewundere ihn«, schrieb Aretino, »aber niemals Geld zu Gesicht zu bekommen, trotz aller Appelle an seine Freigebigkeit, das ist genug, um schließlich sogar die Schmelzöfen von Murano kalt werden zu lassen.« Statt einer festen Jahrespension bot Franz I. ihm eine Ritterwürde an, die aber nicht mit einem finanziellen Ertrag verbunden war. Aretino lehnte dankend ab und bemerkte in einem Brief: »Ein Ritter ohne Einkünfte ist wie eine Mauer ohne Kreuz, an der jeder Hund seine Notdurft verrichtet.« So war es für Aretino keine Frage, wem er politisch den Vorzug gab.

Nicht nur Aretinos Garderobe war prächtig, auch die Einrichtung seines Hauses konnte sich sehen lassen: Tintoretto malte eigenhändig die Decken von Aretinos Wohnraum; Tizian, Sebastiano del Piombo, Giulio Romano, Agnolo Bronzino und Giorgio Vasari schmückten die Wände mit Fresken, und Jacopo Sansovino schuf Skulpturen für seine Räume. Ein breites Bett aus Walnußholz, geschnitzte Truhen und Sessel gehörten ebenso zum wertvollen Inventar wie kostbare Spiegel und Vasen. In einer großen, reich verzierten Schatulle aus Ebenholz bewahrte Aretino stolz die Dokumente seines gesellschaftlichen Erfolgs auf: die Briefe, die er von Fürsten, Künstlern und vornehmen Damen erhalten hatte und die er später als voluminöse Sammlung veröffentlichte.

Daß Aretino seinen luxuriösen Lebensstil für völlig angemessen hielt, weil er ihn als eine Art Honorar für seine Leistung betrachtete, geht aus einem seiner Briefe hervor, in dem er eine etwaige Kritik an seinem persönlichen Aufwand zurückweist: »Man darf mir nicht vorwerfen«, rechtfertigt er sich, »daß ich in Brokat gehe, aus goldenem Becher trinke, mit Edelsteinen und goldenen Ketten geschmückt bin. Denn ich bin der Erlöser für den ganzen Literatenstand, den ich mit starken Armen aus der Knechtschaft der Höfe befreit habe.«

Sein Vergnügen am prachtvollen Auftritt war allerdings nur das äußere Zeichen für seine tief innerliche Befriedigung – die Lust am Ruhm. Mit Pietro Bembo teilte er die Auffassung, daß der Ruhm »die Speise des Geistes ist, dessen Süße von allen Sinnen ausgekostet wird«. Und in einem Brief an die Dichterin Veronica Gambara schrieb er: »Ich weiß nicht, welche Freude die Geizhälse empfinden, wenn sie das Klingen des Goldes hören, das sie vor sich aufzählen. Aber ich weiß wohl, daß die Ohren der berühmten Geister keine Musik vernehmen, die ihnen süßer ist als die Harmonie, die aus dem Lob ihrer selbst fließt, und daß sie sich daran weiden, wie sich im Paradies die Seligen am Angesicht Gottes weiden.«

Bei dem außerordentlichen Ansehen, das Aretino sich in Venedig zu verschaffen wußte, war es kein Wunder, daß die Auszeichnung ›divino‹, göttlich, die nur bei Ausnahmepersönlichkeiten, wie beispielsweise Michelangelo, gebraucht wurde, auch den Namen Aretinos schmückte. Ob er selbst diesen Titel für sich eingefordert hatte oder ob er zuerst von Bewunderern Aretinos benutzt wurde, ist nicht ganz sicher. Fest steht aber, daß dieses dekorative Beiwort in Ludovico Ariosts *Der rasende Roland* mit dem Namen Aretinos verbunden wird. In einer Neuausgabe des berühmten Epos aus dem Jahr 1532 heißt es im sechsundvierzigsten Gesang:

> ... der göttliche, die schwere
> Monarchen-Geißel, Peter Aretin.

Aretinos Haus war bald von Besuchern überlaufen. Gesandte kamen mit Geschenken ihrer fürstlichen Herren,

Künstler besuchten ihn zu ernsthaften Gesprächen und heiteren Gelagen, und die Bettler, die sich fast täglich vor seiner Tür einfanden, schickte er nicht ohne reichliche Gaben fort. Er kannte armseliges Leben aus eigener Erfahrung und schenkte so freigebig, wie er erhielt. Er genoß seinen Wohlstand, aber am meisten genoß er sein Ansehen. So schrieb er:

»Eine Unmenge Herren liegen mir beständig im Kopf mit ihren Besuchen, meine Treppen sind schon ganz abgenutzt von ihren Füßen, wie das Pflaster des Kapitols von den Räder der Triumphwagen. Ich glaube nicht, daß nach Rom ein solches Völkergemisch kommt wie in mein Haus. Zu mir kommen Türken, Juden, Inder, Franzosen, Deutsche, Spanier. Da mögt Ihr Euch denken, wie es erst mit den Italienern steht ... Ich komme mir vor wie das Orakel der Menschheit, denn jeder erzählt mir das Unrecht, das ihm bei dem und dem Fürsten oder bei dem und dem Prälaten widerfahren ist. Ich bin der Sekretär der ganzen Welt.«

An seinen Verleger Marcolini schrieb Aretino einmal in gespielter Verzweiflung, er sei über die Besuchermenge oft so verdrossen, daß er sich sofort nach dem Essen in die Wohnung von Tizian flüchte oder den Vormittag bei einigen armen Frauen verbringe, die ihn wegen seiner großzügigen Gaben in den Himmel höben. Wenn eine junge Frau ein Kind bekomme, dann bezahle er, ohne der Vater zu sein, die Hebamme, und wenn ein verarmter Adliger ins Gefängnis müsse, kaufe er ihn mit seinem Geld los, beklagte er sich nicht ohne Geberstolz bei einem anderen Bekannten. Heruntergekommene Soldaten nähmen zu ihm ebenso Zuflucht wie zahlungsunfähige Kaufleute, und gleichzeitig sei sein Haus ein Hospital für alle Krankheiten in der ganzen Stadt.

Für die Mahnung von Freunden, er möge sein Geld nicht zum Fenster hinauswerfen, sondern an seine materielle Sicherheit im Alter denken, hatte Aretino nur Gelächter übrig. Von den fünfundzwanzigtausend Scudi, die er, wie er formulierte, »durch das Geheimnis meiner Feder frisch aus den Eingeweiden der Fürsten gezogen« habe, sei nicht ein einziger verschwendet worden. Ein ständiges festes Einkommen sei für ihn gar nicht vorstellbar; er würde sogar die ägyptischen Pyramiden, wenn sie eine Rente einbrächten, wie etwas Bewegliches in Umlauf setzen.

Er lebte und er ließ leben, der Genußmensch Aretino. Und in einem Dankesbrief an einen Verehrer hielt er behaglich Rückschau auf seine kulinarischen Erlebnisse:

»Der Hauptmann Giovanni Tiepoli hatte mir einen ausgezeichneten Hasen geschickt, den ich gestern mit meinen Freunden verspeiste und dessen Lob bis in den Himmel stieg. In diesem Moment wurden mir von einem Eilboten Eure Rebhühner überbracht. Sie in Empfang nehmen und braten war das Werk eines Augenblicks. Es verstummte die Hymne zu Ehren der Hasen, und ich sang das Lob des Geflügels. Mein guter Freund Tizian warf einen gnädigen Blick auf die frischen Vögel, und als er bemerkte, wie draußen der Schnee in dichten Flocken fiel, da vereinte er seine Stimme mit der meinigen, um das Magnificat zu singen, das ich angestimmt hatte. Ein bißchen Pfeffer und zwei Lorbeerblätter genügten, um ein herrliches Gericht herzustellen. Nie haben die Kardinäle Roms bei ihren glänzendsten Orgien mit soviel Genuß ihre Schnepfen und ihr Gemüse verzehrt. Ich sah sie zu Zeiten Leos X., die teuren, gottgefälligen Kardinäle, ach, wie ihre lukullischen Seelen gierig die feisten Wänste füllten! – Sie waren Narren, sagt Ihr? Glücklich die Narren, die in ihrer Narrheit sich selbst und dem Nächsten angenehm sind. Was war das für ein famoser Papst! Ich weiß nicht, ob er mehr das Talent der Gelehrten schätzte oder die Späße der Narren. Er ließ ohne Unterschied seine Gnade über beide leuchten und lobte sie abwechselnd ...«

Aretinos Loblied auf seinen verstorbenen Gönner, Papst Leo X., war zugleich ein latenter Seitenhieb auf den amtierenden Papst Clemens VII., dessen häufige Entscheidungsunfähigkeit der Schriftsteller mehrfach satirisch aufgespießt hatte. In Venedig hatte Aretino nach der Plünderung

Roms durch die Landsknechte Karls V., im Jahre 1527, als der Papst isoliert in der Engelsburg saß, mit Genugtuung erfahren, daß Clemens sich über die Abwesenheit des Aretiners bitter beklagt habe. Denn wäre Aretino, der sich nicht scheute, auch unangenehme Wahrheiten offen auszusprechen, in der kritischen Zeit noch in Rom gewesen, dann, so meinte der Papst, hätte er von dem immer gut informierten Schriftsteller rechtzeitig alles erfahren, was in Rom gedacht und gesprochen wurde, und seine Handlungen danach richten können.

Diese päpstliche Klage bestätigte ein Brief Sebastiano del Piombos, der während des ›Sacco di Roma‹ an Aretino schrieb: »Es ist doch wahr, daß die Pietro Aretinos für uns geboren werden müssen! Ich sage, was in seiner Verzweiflung Papst Clemens auf der Engelsburg gesagt hat.« Seine Heiligkeit habe alle Gelehrte Roms damit beauftragt, ein Schreiben an den Kaiser zu entwerfen, um ihn zu bitten, die besiegte Stadt nicht weiter zerstören zu lassen. Aber als der Papst die Entwürfe der Gelehrten gelesen habe, sei er damit sehr unzufrieden gewesen und habe gesagt, daß nur Aretino in der Lage sei, einen derartigen Brief wirkungsvoll zu formulieren.

Ein solches Lob seiner diplomatischen Wortkunst mußte Aretinos ohnehin offenkundiges Selbstbewußtsein noch um einiges heben. Vor allem aber bestärkte der verklausulierte Schluß des Briefes in Aretino die Hoffnung, in absehbarer Zeit Kardinal werden zu können. Sebastianos Brief endete: »Mit einem Wort: Der Papst liebt Euch, und zwar über alle Maßen. Und eines Tages wird sich noch etwas ereignen zum Ärger aller Neider, wenn wir nur gesund bleiben.«

Offiziell war dieses Thema allerdings noch nicht verhandelt worden, so sehr Aretino insgeheim auch darauf warten mochte. In einer Mischung aus unverhohlenem Neid und moralischer Kritik schrieb er über das sorglos-üppige Leben der Kardinäle:

»Die Männer der Kirche, o wie gewandt und geschickt ist ihre Lebensführung! Glaubt Ihr, sie verlassen die Welt nur um in den Himmel einzugehen? Diese kleinen Götter, diese Heiligen, die die Menge anbetet, sie wissen es schon so einzurichten, daß sie weder die Kälte im Winter, noch die Hitze im Sommer, noch den Hunger in der Fastenzeit spüren. Fremdes Leid, sagen sie, bereitet ihnen großen Kummer. Ja, mit solchen schönen Worten kaufen sie sich bisweilen los. Was schert sie das fremde Leid? Sie wissen sehr wohl, wann man die Maccaroni essen muß und wann eine schöne Hammelkeule gar ist; sie kennen Art und Geschmack der weißen, roten, hellen, dunklen und schäumenden Weine. Als unvergleichliche Feinschmecker werden sie sich nie über einen Fisch täuschen. Es gibt kein Geflügel, kein Wild, dessen Geschmack sie nicht kundig erprobt haben, keinen guten Bissen, der nicht Platz in ihrer Küche fände. Indessen glaubt das Volk an ihre Heiligkeit, betet sie an, neigt sich vor ihnen, während sie nicht einen Schluck Wasser darum geben würden, um hundert Verdurstende zu retten. Sie allein nehmen eine Stellung ein, werden mit immer größeren Ehren überhäuft, steigen durch Reichtümer empor und machen sich lustig über alle die, die wie Ihr und ich ihre Schlechtigkeit offen zeigen ...«

Zu diesem halbherzig angegriffenen Personenkreis wollte Aretino eigentlich gern gehören. Doch vorläufig mußte er seine Beziehung zum Papst wieder verbessern. Für diesen Brückenschlag bekam der Schriftsteller willkommene Schützenhilfe. Der Doge Gritti und ein alter Freund Aretinos, der Bischof von Vasone, bemühten sich mit Erfolg um eine Versöhnung zwischen dem Papst und dem Schriftsteller. Clemens VII. verzieh dem Satiriker seine polemischen Texte, und Aretino nahm das Bedauern des Papstes entgegen, daß dieser den Anstifter des Mordanschlags nicht benannt und bestraft hatte. Auch mit dem Datar Giberti kam es zu einer neuen Kontaktaufnahme.

Aretino schwamm auf den Wogen allgemeiner Verehrung. Man beschenkte ihn, suchte seinen Rat, bemühte sich um seine Gunst, wie er selbst sich als junger Mann um die

Gunst anderer bemüht hatte. Er war so begehrt, daß er es sich sogar leisten konnte, auf manche Ehrungen zu verzichten. Als der Bischof von Vasone ihn, »nach kaiserlichem Privileg«, zum Ritter schlagen wollte, lehnte Aretino diese Würde ab, weil sie ihm kein Geld brachte, das er zum Leben benötigte. Und als der Markgraf Bonifazio von Montferrat ihn mit bedeutenden Zusicherungen darum bat, seinen Hof »mit seiner Gegenwart zu schmücken«, lehnte Aretino ebenfalls ab, weil er Venedig nicht verlassen wollte und das Hofleben zur Genüge kannte. Nach dem Besuch des Markgrafen zu Beginn des Jahres 1530 schrieb ihm Aretino: »Ihr habt nicht einen berühmten Mann besucht, sondern einen, der sich glücklich schätzt, weil ihn niemand hat zwingen können, die Dinge zu verschweigen, die er hat sagen wollen.«

Obwohl die große Zahl der Besucher, seiner eigenen Darstellung zufolge, bei seinen literarischen Arbeiten gelegentlich stören mochte, so wußte Aretino doch genau, daß diese Besuche seinen Ruhm mehren würden. Die relative Unabhängigkeit, die er sich über viele Jahre hindurch erworben hatte, wollte er nun in Venedig ungefährdet auskosten. Die Vorstellung von Unabhängigkeit betraf nicht nur sein alltägliches Umfeld, sondern vor allem seine schriftstellerischen Ambitionen; selbstsicher schrieb er:

»Ich bin ein freier Mann von Gottes Gnaden. Ich bin kein Sklave der Pedanten. Ich trete nicht in die Fußspuren Petrarcas oder Boccaccios. Mir genügt mein eigener unabhängiger Geist. Ich überlasse es anderen Leuten, von Reinheit des Stils, von Tiefe des Gedankens zu schwafeln; andere mögen so töricht sein, sich abzuquälen, sich umzuwandeln, sich ganz zu ändern. Ohne Lehrer, ohne künstlerisches Vorbild, ohne Führer, ohne Licht gehe ich vorwärts, und der Schweiß meiner Tinte trägt mir Glück und Ruhm ein. Was sollte ich noch mehr wünschen?«

Mit dem »Schweiß seiner Tinte« erwarb Aretino noch weitere Sympathien, auf die er besonderen Wert legte. Im Jahre

1530 erhielt er von den Räten seiner Geburtsstadt, die ihn als den »Retter der Heimat« feierten, die Meldung, daß Arezzo wieder in den Besitz seiner Festungen gelangt sei. Diese erfreuliche Nachricht werde, so schrieben die Ratsherren, »Euch gewiß ebenso froh stimmen wie uns hier in Arezzo, das seine Hoffnungen zum großen Teil auf Eure Herrlichkeit setzt«. Nach der Niederlage von Florenz hatten die Aretiner, die sich bedroht fühlten, ihren berühmten Landsmann um Hilfe gebeten. In seinem erfolgreich vermittelnden Brief an den Heerführer Ferrante Gonzaga hatte Aretino seine unverbrüchliche Zuneigung zu seinem Geburtsort mit den Worten ausgedrückt: »Nicht ein Schatz, nicht ein Staat wäre mir soviel wert wie das Heil der Heimat!« Solche Worte blieben bei italienischen Patrioten unvergessen.

Die »Kurtisanengespräche«

Im Jahre 1534 erschien in Venedig der erste Teil des Werkes, das Aretinos Namen als Schriftsteller weit über Italien hinaus bekannt machte: Die *Kurtisanengespräche*. Wie der italienische Titel ankündigte, ging es dabei um Gespräche (ragionamenti) zwischen Nanna und Antonia, die in Rom unter einem Feigenbaum saßen und sich über die drei Berufsmöglichkeiten der Frauen unterhielten. Diesen Dialog habe der göttliche Aretino zum eigenen Vergnügen geschrieben.

An drei aufeinanderfolgenden Tagen berichtet die erfolgreiche Kurtisane Nanna ihrer neugierigen Freundin Antonia über das Leben der Nonnen, der Ehefrauen und der Freudenmädchen. Da Nanna in allen drei Bereichen ihre Erfahrungen gemacht hat und kein Blatt vor den Mund nimmt, hört Antonia ihr mit gespannter Aufmerksamkeit zu und amüsiert sich königlich über Nannas freche und farbige Schilderungen. Hauptthema bei diesen Erzählungen ist natürlich die Sexualität in allen denkbaren Varianten, wobei Nannas breitgefächerter Wortschatz an Deutlichkeit nichts zu wünschen übrigläßt.

Und ebenso natürlich ist es kein Zufall, daß Aretino die Kurtisanengespräche ausgerechnet am Magdalenentag (22. Juli) beginnen läßt. Die Büßerin Magdalena galt im Neuen Testament bekanntlich als Sünderin, die Jesus mit ihren Tränen die Füße wusch und sie dann mit ihren Haaren trocknete. Während Magdalena ihr sündhaftes Leben bereute, soll es bei Nannas Tochter Pippa erst richtig anfangen.

Mit diesen freizügigen Gesprächen festigte Aretino bei seinen Gegnern seinen Ruf als Mensch ohne jede Moral. Bei seinen Verehrern dagegen stieg sein Ansehen noch höher, weil sie in diesem Werk den Höhepunkt seiner bildreichen Sprachphantasie und seiner parodistischen Begabung sahen. In keinem seiner anderen Werke hat sich der damals zweiundvierzigjährige Schriftsteller so deutlich zu erkennen gegeben wie in dieser lustvollen erotischen Debatte. Zwar läßt sich aus vielen Briefen Aretinos vielfältiges Talent als Sprachjongleur ablesen; aber seine Korrespondenz zielt größtenteils auf pompöse Eigenwerbung ab und gibt nur ungenügend Auskunft über seine Persönlichkeit, es sei denn, man gäbe sich damit zufrieden, ihn als Schmeichler und Aufschneider festzulegen. Aber erst die Kurtisanendialoge geben nähere Einsichten über den Wahrheitssucher Aretino. Denn mit der Figur der berechnenden Kurtisane Nanna hat der Autor offenkundig ein Pendant zu sich selbst schaffen wollen, um seine Botschaften, erotisch verpackt und sprachfunkensprühend, an ein großes Lesepublikum weiterzugeben.

Die *Kurtisanengespräche* beginnen mit einer Parodie. Die Widmung, die der Schriftsteller den Gesprächen voranstellt, richtet sich nämlich nicht, wie sonst meist üblich, in untertänigem Ton an einen prominenten Geldgeber oder Dienstherrn, dem der Autor in der Hoffnung auf gnädige Aufnahme sein Werk zu Füßen legt. Aretino wendet sich vielmehr an seinen Affen, dem er in heiterer Laune die Parallelen zwischen kleinen Tieren und großen Herren darlegt: »Ja, du bist ein großer Herr, das will ich dir beweisen«, heißt es in diesem Widmungstext. »Zunächst: Du siehst aus wie ein Mensch und bist, was du bist; sie aber heißen große Herren und sind auch, was sie sind. Du schluckst in deiner Gefräßigkeit alles hinunter, was du bekommen kannst; sie sind ebenso gefräßig und zwar in einem Maße, daß die Völlerei schon nicht mehr zu den sieben Todsünden gerechnet

wird. Du stiehlst, was du findest, und wäre es nur eine arm-
selige Nadel; sie stehlen so frech, daß es ihnen auch auf
Menschenblut nicht ankommt.« Und was das Treiben mancher frommer Frauen angehe, von denen in diesem Buch gesprochen werde, da sei der Autor überzeugt, »mit der Flam-
me seiner feurigen Feder die Schandmale ausbrennen zu
müssen«, wie ein barmherziges Messer, »womit der Arzt
ein krankes Glied abschneidet, damit die anderen gesund
bleiben«. Ein offenbar streng moralisches Vorhaben also,
dessen Ernsthaftigkeit allerdings durch Aretinos absichtlich
gedrechselten Stil sogleich wieder in Frage gestellt wird.

Parodiert werden aber nicht nur die üblichen devoten
Widmungen der »Pedanten«. Auch andere traditionelle li-
terarische Formen, wie zum Beispiel die oft recht umständ-
lichen und langweiligen Traktate nach der Art platonischer
Dialoge, die von humanistischen Autoren zu ästhetischer
und moralischer Erbauung verfaßt wurden, werden von
Aretino ins Lächerliche gezogen. Derb realistisch enthüllt
Nanna die angebliche Sittsamkeit ihrer Protagonisten, ob
Mönch oder Nonne, ob Ehefrau oder Ehemann, als pures
Wunschdenken. Die Welt, so lautet das Fazit der lebenser-
fahrenen Kurtisane, ist ausschließlich an Gewinn interes-
siert, Lustgewinn eingeschlossen.

1536, zwei Jahre nach der Veröffentlichung des ersten
Teils der *Kurtisanengespräche* erschien in Venedig der zweite
Teil, der wiederum drei Gesprächstage umfaßte. Am ersten
Tag wird geschildert, wie Nanna ihr Töchterlein Pippa im
Hurenberuf unterrichtet. Der zweite Tag hat zum Thema,
wie Nanna der Pippa von den schnöden Streichen erzählt,
die die Männer den unglücklichen Frauen spielen, die
ihnen ihr Vertrauen schenken. Und am dritten Tag kann
man erfahren, wie Nanna und Pippa in ihrem Garten sitzen
und der Gevatterin und der Amme zuhören, die sich über
die Kunst der Kuppelei unterhalten.

Anlaß für die Zusammenkunft der Frauen ist das Problem der Berufswahl: Nanna und ihre sechzehnjährige Tochter Pippa stehen vor der Frage, was das Mädchen werden soll. Drei Möglichkeiten bieten sich an, aber Nanna kann sich nicht entscheiden: »Da sagt mir nun der eine: ›Laß sie Nonne werden, da sparst du Dreiviertel an der Mitgift, und obendrein kriegt der Kalender 'ne neue Heilige.‹ Der andere sagt: ›Verheirate sie doch! Du bist so reich, was kommt es dir drauf an, ob du ein bißchen abgibst?‹ Der dritte redet mir zu, ich solle sie lieber gleich Kurtisane werden lassen. ›Denn‹, sagt er, ›wenn sie Glück hat, dann wird sie als Kurtisane sofort 'ne Dame und mit dem, was du hast und was sie sich im Handumdrehen dazuverdienen wird, kann sie 'ne Königin werden.‹ Kurz und gut, ich bin außer mir!« stöhnt Nanna.

Obgleich Nanna alle drei beruflichen Möglichkeiten schon selbst ausprobiert hat und eigentlich am besten wissen müßte, was sie ihrer Tochter empfehlen soll, ist sie unschlüssig und will sich von ihrer Freundin Antonia beraten lassen. Antonia möchte aber, bevor sie einen Ratschlag gibt, erst einmal von Nannas eigenen Erfahrungen hören. Am ersten Tag der Gespräche berichtet Nanna deshalb über das Leben der Nonnen, das sie als junges Mädchen kennengelernt hat.

Sie sei zuerst niedergeschlagen gewesen, als sie von ihren Eltern in ein Kloster gesteckt worden sei, erzählt Nanna; sie habe das Gefühl gehabt, lebendig in ein Grab gelegt zu werden. Aber zu ihrer größten Verwunderung sei dann alles ganz anders gewesen als sie es sich vorgestellt hatte. Die Nonnen, die sie aufnahmen, hätten keine Spur von Geißelhieben und strengem Fasten gezeigt, sondern hätten frische Gesichter und rote Wangen gehabt. Und dann sei eine große Schar von Mönchen und Priestern gekommen, die schönsten, saubersten und fröhlichsten jungen Leute, die sie je gesehen habe. Jeder junge Mann habe danach seine Freundin an die Hand genommen und das Mädchen zärtlich geküßt.

Anschließend hätten sich alle, samt der frommen Äbtissin und dem Herrn Abt, an einen großen gedeckten Tisch gesetzt und nach Herzenslust gegessen und getrunken. Zum Nachtisch habe ein schöner Knabe einen Korb gebracht, in dem sich, wie er sagte, einige »Früchte aus dem irdischen Paradies« befänden.

»Was waren das denn für Früchte?« will Antonia wissen. Es waren gläserne Früchte, wie man sie in Venedig herstellt, erklärt Nanna; sie hatten die Form eines Stengels, und an jedem Stengel waren zwei große Schellen angebracht. Alle Nonnen griffen sofort in den Korb und erklärten, daß diese Früchte ihnen helfen würden, den Anfechtungen des Fleisches zu widerstehen.

Die erheiterte Antonia weiß nun, was diese gläsernen Früchte zu bedeuten haben, und ist um so begieriger zu hören, was Nanna weiter zu erzählen hat. Und Nanna berichtet in gespielt naiver Ausführlichkeit, wie sie durch die Ritzen in ihren Zellenwänden beobachten konnte, was sich in der Zelle nebenan ereignete. Dort war der Ordensgeneral gerade dabei, sich mit drei jungen Mönchen und vier Nonnen auf eine Orgie vorzubereiten – für Aretino eine von zahlreichen Gelegenheiten, seinen erotischen Phantasien ungehemmten Lauf zu lassen und gleichzeitig Kritik an den bekanntermaßen verwilderten Sitten in vielen Klöstern zu üben. Dabei benutzt er den obszönen Kunstgriff, Sexuelles und Sakrales in Wort und Tat munter miteinander zu vermischen:

»Der ehrwürdige Vater rief die drei Mönchlein heran und lehnte sich auf die Schulter des einen, der ein schlank aufgeschossener, zart gebauter Jüngling war. Von den beiden andern ließ er sich das Hähnchen aus dem Nest holen – das ließ aber gar traurig das Köpfchen hängen. Doch der gewandteste und hübscheste von den beiden Brüderchen legte es auf seine flache Hand und streichelte es mit der anderen Hand, wie man einer Katze den Schwanz streichelt, bis sie vom Schnurren ins Fauchen gerät und sich schließlich nicht mehr halten läßt. Da richtete denn auch das Hähnchen sich stolz empor. Der wackere General aber kriegte die hübscheste und jüngste Nonne zu packen, schlug ihr die Röcke über den Kopf zurück und ließ sie sich mit der Stirn auf die Bettstelle aufstützen. Dann hielt er mit seinen Händen sanft ihre Hinterbacken auseinander – es sah aus, wie wenn er die weißen Blätter seines Meßbuches aufschlüge – und betrachtete ganz hingerissen ihren Popo. Der war aber weder ein spitzes Knochengerüst noch ein schwabbeliger Fettklumpen, sondern gerade die richtige Mitte: ein bißchen zitterig und schön rund und schimmernd wie beseeltes Elfenbein. Die Grübchen, die man mit solchem Vergnügen an Kinn und Wangen schöner Frauen sieht, sie zierten auch diese beiden Backen, die so zart waren wie eine Mühlenmaus, die in lauter Mehl geboren und aufgewachsen ist. Und so glatt waren alle Glieder des Nönnchens, daß die Hand, die man ihr auf die Lende legte, sofort bis an die Waden herunterfuhr, wie der Fuß auf dem Eis ausrutscht; und Haare sah man auf ihren Beinen so wenig wie auf einem Ei.«

»Da verbrachte wohl der Vater General den ganzen Tag mit seiner andächtigen Bewunderung, he?« fragt Antonia herausfordernd, um Nannas Erzählung an ihren Höhepunkt heranzutreiben.

Und selbstverständlich verbringt der hochwürdige Herr nicht den ganzen Tag mit andächtiger Bewunderung, sondern geht alsbald zu lebhafter Aktion über, für die Aretino einen beträchtlichen Vorrat an volkstümlichen Wendungen ausschüttet. Da wird der Pinsel in den Farbtopf getunkt, das Klistier angesetzt, die Sauce im Mörser verrieben, der Nagel festgesteckt und die Riesenschalmei angesetzt, bis der Ordensgeneral alle Beteiligten zum letzten Zusammenspiel aufruft: »Komm her, mein Junge, und küsse mich, und auch du, meine Taube!« sagt er zu einem Mönch und einer Nonne; und Nanna erzählt anschaulich, wie die Stimmung den Höhepunkt erreicht.

Daß das Klosterleben in Mittelalter und Renaissance oft alles andere als sittlich beispielhaft war, ist, wohlgemerkt, keine Erfindung Pietro Aretinos. In seinem *Decamerone* hatte schon Giovanni Boccaccio den sehr weltlichen Lebenswandel vieler Nonnen und Mönche kritisch ins Visier genommen. Und selbst Jacob Burckhardt, kein Freund Aretinos, mußte einräumen, daß die weitverbreitete negative Einstellung zum damaligen Klosterleben ihre Berechtigung hatte. Der Schweizer Historiker nennt dazu allerdings nicht Aretino, sondern den ihm unverdächtig erscheinenden Novellisten Tommaso Masuccio als Zeugen. Die Nonnen gehörten damals ausschließlich den Mönchen, schreibt Burckhardt. Sobald sie sich mit Laien einließen, wurden sie verfolgt und eingekerkert. Die anderen aber hielten mit Mönchen förmliche Hochzeit, wobei sogar Messen gesungen und Ehekontrakte aufgesetzt wurden. »Ich selber«, berichtete Masuccio, »bin nicht einmal, sondern mehrere Male dabeigewesen, habe es gesehen und mit Händen gegriffen. Solche Nonnen gebären dann entweder niedliche Mönchlein oder sie treiben die Frucht ab. Und wenn jemand behaupten möchte, dies sei eine Lüge, so untersuche er die Kloaken der Nonnenklöster, und er wird darin einen Vorrat von zarten Knöchlein finden, nicht viel anders als in Bethlehem zu Herodes' Zeiten.«

Da sich die Szenen des ersten Tages in einem Kloster abspielen, wählte Aretino für diesen Rahmen konsequent das entsprechende Vokabular, das ihm als einem – zumindest äußerlich – praktizierenden Christen von Jugend auf vertraut war. Es hatte zwar kein Latein gelernt wie die »Pedanten«, kannte aber zweifellos aus eigener Erfahrung die lateinischen Gebetsformeln und Rituale der katholischen Messe und spielte wirkungssicher auf biblische Personen und Ereignisse an, die in der Umgangssprache mehr oder weniger gedankenlos zitiert wurden.

Diese volkstümliche Redeweise legte der Autor auch Nanna in den Mund. Nanna erzählt von der Äbtissin des besagten Klosters, die mit ihrem Beichtvater ein Schäferstündchen haben will. Der geistliche Herr macht aber nur halbherzig mit und zieht mitten in der Arbeit den Stöpsel aus der Flasche. Die Äbtissin, ganz außer sich vor Enttäuschung, stimmt, in Nannas Worten, »die Wehklagen des Apostels Jeremias« an und beschwört ihren Liebhaber »bei den heiligen Wundmalen, bei den Schmerzen, bei den Sieben Freuden, beim ›Pater noster‹ von San Juliano, bei den sieben Bußpsalmen, bei den Heiligen Drei Königen, beim Stern von Bethlehem und bei den ›Sancta Sanctorum‹. Aber sie konnte diesen Kain, diesen Nero, diesen Judas nicht dahin bringen, seine Wurzel wieder in ihr Gärtchen zu pflanzen«, schildert Nanna diese Situation im Stil einer andachtsvollen Litanei. Und das Bild, das sich ihr später bietet, als sie eine Gruppe von Nonnen und Mönchen beim gemeinsamen Liebesspiel beobachtet, ruft bei ihr ebenfalls religiöse Assoziationen hervor: Es erinnert sie an einen Bratspieß voll verdammter Seelen, die Satan sich zu Meister Luzifers Karneval für das Höllenfeuer herrichten wollte.

»Der Mann, der den Decamerone geschrieben hat, soll es mir nicht übelnehmen, aber gegen dich ist er ein Waisenknabe!« staunt Antonia über Nannas plastische Darstellungen. Aretinos Eigenlob durch Antonias Stimme ist nicht zu überhören. Gleichzeitig gibt er mit dieser Äußerung einen Hinweis auf Boccaccio, eines seiner Vorbilder, das er mit seinen erotischen Schilderungen zu übertreffen sucht.

Ein anderer Autor liegt allerdings als Vorbild noch näher, weil er, im zweiten nachchristlichen Jahrhundert, seine Figuren im gleichen Milieu wie Aretinos *Kurtisanengespräche* angesiedelt hatte: Der griechische Satiriker Lukian. Zwei Jahre, bevor Aretino nach Venedig kam, hatte der venezianische Drucker Zoppino Lukians *Hetärengespräche* in italienischer Übersetzung herausgebracht, und es ist kaum denkbar, daß Aretino diesen Text nicht gelesen hat, auch wenn er für seine eigenen *Kurtisanengespräche* sicher keiner besonderen Anregung bedurfte.

Den zweiten Tag des ersten Teils beginnt Aretino wieder mit einer Parodie. Diesmal macht er sich in antikisierendem Stil über die Einleitungen in den Werken mancher seiner pedantischen Gegner lustig. In der deutschen Übersetzung von Heinrich Conrad liest sich Aretinos Beschreibung eines Sonnenaufgangs folgendermaßen:

»Als Nanna und Antonia aufstanden, wollte gerade der klapprige alte Hahnrei Tithonos das Hemd seiner Frau Gemahlin verstecken, damit nicht der kupplerische Tag es dem Sonnengott auslieferte, der in Aurora verliebt ist; aber sie sah es, riß es dem alten Trottel aus der Hand, soviel er auch plärrte, und ging davon, schöner geschminkt denn je, und entschlossen, sich's unter seiner Nase zwölfmal machen zu lassen und des zum Zeugen den *Notarius publicus* Meister Zifferblatt anzurufen.«

Nachdem sich Nanna am ersten Tag nicht dafür entscheiden konnte, ihre Tochter Pippa in ein Kloster zu geben, auch wenn es nach ihrer eigenen Darstellung dort lebhafter zuging, als sie es sich vorgestellt hatte, möchte sie nun wissen, wie ihre Freundin Antonia ihre Erfahrungen als Ehefrau beurteilt. Bei Nannas Erzählungen stellt sich aber schon bald heraus, daß auch eine Ehe nicht das ist, was die Mutter ihrer Tochter für die Zukunft empfehlen kann. Denn bald nachdem Nanna selbst geheiratet hatte, vernahm sie aus ihrer Umgebung, daß fast alle Ehefrauen über kurz oder lang ihren Gatten untreu wurden, weil sie mit einem einzigen Mann für das ganze Leben nicht zufrieden waren, sondern den alten Gewohnheiten gern einmal neue Reize vorzogen. »Frauenkeuschheit gleicht einer Kristallkaraffe«, stellt Nanna bildhaft fest. »Du kannst dich in acht nehmen, soviel du willst, schließlich, in einem Moment der Unbedachtsamkeit, fällt sie dir doch mal aus der Hand und zerspringt in tausend Scherben.« Andererseits müssen, wie Nanna weiß, auch Ehefrauen damit rechnen, daß ihre Männer ihnen aus denselben Gründen untreu werden.

Für beide Situationen gibt Nanna nun wieder reichlich Anschauungsmaterial, und Aretino läßt sie mit Liebhabern der unterschiedlichsten sozialen Schichten meist kurze, derbe Begegnungen haben. Die längste, von der Nanna ihrer Freundin berichtet, ist auch die bei weitem derbste. Sie ist einer neugierigen Ehefrau zugestoßen, die unbedingt wissen wollte, was ein sogenannter »Trentuno« sei. Das erwartete nächtliche Liebesabenteuer mit einem fremden Mann wird für die Ehefrau zu einer bösen Überraschung, von der sie sich lange nicht erholt: Sie wird von einunddreißig [italienisch: trentuno] Männern nacheinander vergewaltigt.

Als wolle er seine Leser von diesem Schock ablenken, läßt Aretino das Kapitel wieder mit einer Parodie enden, die auf seine literarischen Gegner gemünzt ist und gleichzeitig einen eigenen Charme hat. Nanna und Antonia machen sich auf den Heimweg, weil es inzwischen spät geworden ist:

»Schon ließen die Eulen und Fledermäuse, diese Papageien der Nacht, sich sehen. Die Nacht aber schritt einher mit verbundenen Augen, stumm, ernst, melancholisch, gedankenvoll wie eine Witwe, die, in ihren schwarzen Mantel gehüllt, um den vor einem Monat gestorbenen Gatten klagt. Und die Himmelsleuchte, die die Sterngucker verrückt macht, trat jetzt mit abgenommener Maske auf, von einem Wolkenfetzen wie von einem Tuch umhüllt ...«

Auch am dritten Tag gehen beide Frauen wieder zu ihrem Platz unter dem Feigenbaum. Diesmal will Nanna ihrer Freundin von ihren Erlebnissen als Dirne erzählen. Vorher legt Aretino aber Antonia eine Vermutung in den Mund, die den ausgeprägten Sinn des Schriftstellers für Eigenwerbung deutlich macht. Antonia hofft auf literarische Weihen und schürt damit eine Erwartung, die sich für den Leser zum Teil schon erfüllt hat; für diesen Wissensvorsprung wird er dem Autor dankbar sein und ihn desto höher schätzen:

»Beim Ankleiden mußte ich so bei mir selber denken, es wäre doch famos, wenn einer deine Erzählungen niederschriebe; derselbe müßte dann auch das Leben der Priester und Mönche beschreiben. Da würden dann die von dir Durchgehechelten über jene lachen, die sich ja sicher auch über uns amüsieren werden, die wir uns einbilden, besonders witzig zu sein und dabei nur zu unserem eigenen Schaden reden. Mir ist bereits so, als ob irgendein Meister Soundso schon beim Schreiben sei, denn mir klingen die Ohren. Also wird es in Erfüllung gehen.«

»Wie könnte das auch anders sein!« gibt Nanna ihrer Freundin recht und wendet sich dann, wie verabredet, den Freuden und Leiden des Dirnenberufes zu.

Als junges Mädchen war Nanna mit ihrer Mutter aus der Provinz nach Rom gekommen, um in der Metropole ihr Glück als Kurtisane zu suchen. Mutter und Tochter versprachen sich davon ein reichliches Einkommen, und da Nanna sehr hübsch war, ließ sich auch alles zufriedenstellend an. Die jungen Männer machten ihr sogleich den Hof, und jeder wollte der erste sein, der die schöne Fremde eroberte.

»Ich konnte mich gar nicht sattsehen an all den feinen Kavalieren«, erinnert sich Nanna, »und guckte mir hinter meinem Fensterladen die Augen aus dem Kopf. Wie sie einherstolzierten in ihren Wämsern von Samt und Atlas, mit einer Agraffe am Barett, goldenen Ketten um den Hals und auf Pferden, die so blank waren wie Spiegel. So ritten sie ganz sachte, sachte vorbei, ihre Bedienten an den Steigbügeln, auf die sie nur die alleräußersten Fußspitzen aufstützten. Mit ihrem Taschen-Petrarca in der Hand, sangen sie zierlich: ›Wenn dies nicht Liebe ist, was fühl ich denn?‹ Bald hielt dieser, bald jener vor dem Fenster, hinter welchem ich stand, sein Rößlein an und sagte: ›Signorina, seid Ihr so mörderisch grausam, daß Ihr so viele treue Diener umkommen laßt?‹ Dann hob ich ein wenig den Vorhang hoch, ließ ihn aber gleich wieder fallen und eilte weg …«.

So ging es eine ganze Weile, bis die Mutter sich über eini-

ge der jungen Männer hinreichend informiert hatte, um zu
wissen, wer für ihre Tochter eine gute Partie sein würde.
Dann bat sie den Verliebten ins Haus, lud ihn zum Essen ein
(das er bezahlen mußte), und Nanna reizte ihn mit vielen
Versprechungen, gab sich ihm aber nicht eher hin, als bis sie
fast sein ganzes Vermögen aus ihm herausgepreßt hatte.
Wenn dann wirklich nichts mehr von ihm zu holen war,
wurde der Unglückliche unter irgendwelchen Vorwänden
ausquartiert, und der nächste gutbetuchte Jüngling nahm
für begrenzte Zeit seine Stelle ein.

»'ne Hure hat ein Herz bloß für bares Geld«, erklärt
Nanna ihrer Freundin lapidar, »sie weiß nichts von Dank
und Undank und hat nicht mehr Liebe als ein Holzwurm.«
Und um zu Geld zu kommen, dürfe eine Hure in der Wahl
ihrer Kunden nicht immer anspruchsvoll sein. »Man muß
seine Türen nicht bloß Prälaten und Kavalieren öffnen«,
warnt sie. »Wenig und oft – das gibt die höchsten Berge,
und nur alberne Gänse können sagen: Ein Ochse macht auf
einmal einen so großen Haufen wie tausend Fliegen. Denn
es gibt mehr Fliegen als Ochsen.«

Eine Hure kommt, nach Nannas Erfahrung, zu einem besonders hohen Ansehen, wenn sie sich rühmen kann, einen
Mann entweder um seinen Verstand oder an den Bettelstab
gebracht zu haben. Für eine junge hübsche Hure ist es kein
Problem, Männer zu finden, die sich an der Nase herum-
führen lassen. Manche Huren versuchen auch mit geheim-
nisvollen Kräutermischungen, einen Mann an sich zu binden. Aber den wirksamsten Zauber übt Nanna zufolge die
weibliche Anatomie aus. »Um nicht für eine Heuchlerin gehalten zu werden, will ich dir sagen, daß zwei stramme
Popobacken mehr vermögen als alle Philosophen, Astrologen, Alchimisten und Nekromanten«, erklärt Nanna ihrer
Freundin. »Ich habe so viele Kräuter ausprobiert, wie auf
zwei Wiesen wachsen, und so viele Worte, wie auf zehn
Märkten geschwatzt werden, und vermochte doch nicht

auch nur um Fingers Breite einem, dessen Namen ich dir nicht nennen darf, das Herz zu rühren. Und dann machte ich ihn mit einer einzigen Bewegung meiner Hinterbäckchen so bestialisch verrückt nach mir, daß alle Bordelle ganz baff darüber waren; und da pflegt man sich doch nicht so leicht über etwas zu wundern, weil man da ja jeden Tag merkwürdige neue Sachen sieht.«

Nanna hat allem Anschein nach ihr Leben in den Griff bekommen und möchte ihrer Tochter Pippa den gleichen Weg empfehlen. Denn wenn auch Nonnen und Ehefrauen, wie Nanna am eigenen Leibe erfahren hat, letzten Endes diese Richtung einschlagen, warum dann erst der Umweg und nicht sofort der Hurenberuf?

Im zweiten Teil der *Kurtisanengespräche* wird deshalb Pippa über alle Tricks der Dirnen belehrt und bekommt von der Mutter präzise Verhaltensregeln. Pippa ist außerordentlich darauf erpicht, eine ebenso erfolgreiche Hure zu werden wie ihre Mutter. Sie kann es kaum abwarten, von Nanna gründlich aufgeklärt zu werden, weil sie fürchtet, mit ihren sechzehn Jahren schon fast zu alt für den Hurenberuf zu sein. Denn von einer Cousine habe sie gehört, man wolle »auf der ganzen Welt jetzt bloß noch von den Elf- und Zwölfjährigen was wissen, und aus den anderen macht man sich nichts mehr«.

Darin gibt ihr die Mutter recht, aber sie beruhigt ihre Tochter mit der Information, daß sie zwar in Wirklichkeit nicht erst sechzehn, wie sie geglaubt hatte, sondern bereits zwanzig Jahre alt sei, aber immer noch wie vierzehn aussehe und deshalb bei den Männern gute Chancen haben werde. Im übrigen müsse Pippa von jetzt an viel lernen, denn sie solle, im Gegensatz zu den meisten dummen Huren, ein gescheites Mädchen werden.

»Höre nur hübsch zu und trichtere dir meine Episteln und Evangelien in den Kopf«, ermahnt die Mutter Pippa. »Die werden dich in zwei Worten aufklären, nämlich: Wenn ein Doktor, ein Philosoph, ein Kaufherr, ein Soldat, ein Mönch, ein Priester, ein Einsiedler, ein Edelmann, ein Monsignore, ein Salomon von diesen albernen Gänsen so weit gebracht werden, daß man sie für dummes Vieh halten möchte, wie meinst du denn, würde mit diesen Tröpfen eine umspringen, die Grütze im Kopf hätte?«

»Ganz eklig würde so eine mit ihnen umspringen«, antwortet Pippa gelehrig.

»Das Hurengewerbe ist also kein Beruf für 'ne Dumme«, erläutert Nanna, »und darum habe ich's, die ich Bescheid weiß, mit dir gar nicht so eilig. Es genügt nicht, die Röcke hochzuheben und zu sagen: So, meinetwegen kann's losgehen! Man muß was anderes können, sonst macht man Bankrott am selben Tag, an dem man die Bude öffnet.«

Was man als Hure können muß, lernt Pippa nun von ihrer Mutter in den folgenden schulmäßigen Unterweisungen. Manierliche Tischsitten, zum Beispiel, sind eine wichtige Voraussetzung dafür, kultivierte und wohlhabende Männer anzuziehen. In diesem Textteil findet sich übrigens eine auffallende Ähnlichkeit zwischen Aretinos und Lukians Hetärengesprächen, die darauf hindeutet, daß das Werk des griechischen Autors Aretino bekannt gewesen ist. In Lukians Werk wird die junge Korinna von ihrer Mutter Krobyle darin unterwiesen, wie sie sich als Hetäre in einer Tischgesellschaft zu verhalten habe: Sie solle es so machen wie die Hetären-Kollegin Lyra, die sehr reich geworden sei. Wie sie das denn gemacht habe, fragt Korinna. »Wenn sie gegen Bezahlung zu einem Fest eingeladen wurde«, erklärt die Mutter, »dann betrank sie sich nicht, denn das ist abstoßend und den Männern peinlich. Auch überfüllte sie sich nicht mit Speisen wie Leute, die keine Erziehung haben, sondern sie nahm mit den Fingerspitzen schweigend ab und zu einen Bissen zu sich, sie füllte sich nicht beide Backen voll; sie war bescheiden beim Trinken und goß nicht alles auf einmal hinunter, sie trank nur dann und wann einen kleinen Schluck.«

Von Lukians gepflegtem Unterhaltungston hebt sich
Aretinos bildhafte Volkssprache drastisch ab:

NANNA: »Wenn dann der Salat kommt, dann stürze dich nicht darauf wie die Kuh aufs Heu, sondern nimm ganz klein winzige
Bißchen und mach dir kaum die Fingerspitzen fettig, wenn du sie
zum Mund führst ... Wenn du zu trinken wünschst, so nicke dem
aufwartenden Lakaien zu; wenn aber die Karaffen auf der Tafel
stehen, dann bediene dich selber. Und fülle nicht das Glas bis zum
Rand, sondern nur ein bißchen höher als bis zur Hälfte, setze voll
Anmut die Lippen an und trinke niemals ganz aus.«
    PIPPA: »Wenn ich nun aber großen Durst habe?«
    NANNA: »Einerlei. Trinke trotzdem wenig, damit du nicht in den
Ruf kommst, eine Schlemmerin und Trunkenboldin zu sein.«

In diesem ersten Gespräch des zweiten Tages formuliert
Aretino durch seine Protagonistin Nanna eine Art Knigge
für Freudenmädchen. Die Vorschriften, die die Kurtisane
Nanna ihrer Tochter mit auf den Weg gibt, sind ähnlich
streng wie die Verhaltensregeln der gehobenen Gesell-
schaftsschicht, die in Bembos *Asolanischen Gesprächen*, in
Castigliones *Hofmann* oder später im *Galateo* von Giovanni
della Casa als verbindlich angegeben werden.

Aretino persifliert solche Höflichkeitsformen, weil er sie
für Heuchelei hält, vor allem, wenn mit frommer Miene Hu-
rerei betrieben wird – eine Strategie, die Nanna empfiehlt.
Bevor Pippa mit einem neuen Freier ins Bett geht, solle sie
sich heimlich vergewissern, rät Nanna, daß er genügend
Geld oder Wertsachen bei sich hat, die sie ihm geschickt ab-
knöpfen kann. Erst wenn sie bekommen habe, was sie will,
solle sie seinen Wünschen nachgeben, aber immer mit dem
Anschein frommer Schicklichkeit:

»Während er sich mit Kuriergeschwindigkeit ins Bett begibt,
ziehst du dich ganz langsam aus und murmelst dabei einige Worte
vor dich hin, die du noch ab und zu mit einem Seufzer unter-
mischst. Auf diese Weise kann er nicht umhin dich zu fragen, so-

bald du dich neben ihn legst: ›Worüber seufzt Ihr denn, liebe Seele?‹ Dann presse noch einen Seufzer hervor und sage: ›Euer Gnaden haben mich verhext.‹ Und mit diesen Worten umschlinge ihn ganz fest und küsse ihn und küsse ihn immerzu, so stark du nur kannst, dann mach ein Kreuzzeichen, als ob du's beim Eintreten ins Zimmer vergessen hättest, und wenn du kein Gebet oder was Ähnliches sagen willst, dann bewege ein bißchen die Lippen, damit es so aussieht, als ob du betest, wie eine, die das in allen Lebenslagen zu tun gewöhnt ist ...«

Dann, das weiß Nanna aus langjähriger Erfahrung, kann man den Mann um den Finger wickeln. »Ihr ermahnt mich zuerst zu anständigem Betragen, und anschließend bringt Ihr mir die maßlosesten Rüdigkeiten bei«, wundert sich Pippa über das anscheinend widersprüchliche Verhalten der Mutter. »Ich wünsche«, sagt diese würdevoll, »daß du im Bett eine ebenso vollkommene Hure wirst, wie anderswo eine feinerzogene Dame.«

Nanna gibt ihrer Tochter nicht nur genaue Anweisungen für den Umgang mit unterschiedlichen Freiern, für das Verhalten gegenüber übelriechenden Männern oder gegenüber Kunden, die unbedingt eine Jungfrau wünschen und für die schamlosen Tricks, mit denen eine Hure sogar Männern, die gar nichts besitzen, noch etwas aus der Tasche lockt. Pippa lernt von ihrer Mutter auch, was eine wirkliche Dame wissen sollte, wenn sie sich in Gesellschaft gebildeter Herren befindet – ein bißchen über Musik, über Literatur, über Malerei, über Geschichte oder Politik, gerade genug, um als interessant zu gelten. Dabei solle Pippa sich aber ja nicht als Königin aufspielen, sondern immer hübsch bescheiden bleiben und keine modischen Fremdwörter benutzen, wie es manche Kurtisanen täten, die in Wirklichkeit dumme Gänse seien.

Ihre toskanische Sprache liegt Nanna besonders am Herzen, und nicht nur diese Vorliebe teilt sie mit dem Verfasser der *Kurtisanengespräche*. Aretino und Nanna sind weitgehend miteinander identisch. Beide sehen ihren Beruf als ein Geschäft an, bei dem man möglichst gut sein und möglichst viel Geld herausschlagen muß, um den eigenen Wert zu beweisen. Nanna und Aretino haben die gleiche abgeklärte Weltsicht, die sich oft als Zynismus oder als derbe Obszönität äußert und den »schönen Schein« lediglich als Mittel zum materiellen Zweck benutzt. Nanna agiert als Aretinos Sprachrohr; sie ist eine Art Selbstporträt des Autors, der selbstbewußt sein Können demonstriert, aber auch freimütig seine Schwächen bloßlegt und das von allen anderen ebenfalls verlangt – sonst droht die Enthüllung.

Die Bloßstellung durch einen Literaten scheint das einzige zu sein, wovor Nanna wirklich Angst hat. Mit diesem »Eingeständnis« seiner Hauptfigur unterstreicht Aretino wieder einmal seine Machtstellung als Schriftsteller. Wenn bei einer festlichen Gesellschaft ein Dichter zugegen sei, mahnt Nanna ihre Tochter, dann solle Pippa besonders freundlich zu ihm sein, denn es könnte ihr gerade noch fehlen, »daß ein Dichter Soundso Bücher gegen dich machte und überall die schnöden Verleumdungen verbreitete, die sie uns Frauen anhängen wollen. Das wäre 'ne schöne Geschichte, wenn dein Leben im Druck erschiene, wie ein gewisser Tagedieb das meinige hat drucken lassen, als ob keine schlimmeren Huren auf der Welt wären als ich!« Und dann spielt Nanna-Aretino raffiniert mit der Kritik auf ihre obszönen Erzählungen, stellt sie als bloße Witze dar und läßt gleichzeitig durchblicken, daß die Begebenheiten wahr seien: »Was für ein Geheul hat man wegen meiner Geschichten erhoben!« beschwert sich Nanna, anscheinend wirklich aufgeregt. »Der eine tadelt, was ich über die Nonnen gesagt habe, und ruft: ›Das ist alles erlogen!‹ und merkt gar nicht, daß ich diese Geschichten Antonia nur erzählt habe, um sie zum Lachen zu bringen und nicht, um ihnen etwas Böses nachzusagen, wie ich es vielleicht hätte tun können … Wenn ich Antonia darüber hätte aufklären wollen, wie die Nonnen sich verheiraten und ihren Mönch ›mein süßer Freund‹ nennen – da hätte ich viel zu erzählen gehabt.«

Am zweiten Tag des zweiten Teils nimmt Aretino noch einmal die Gelegenheit wahr, für die Durchsetzung des Toskanischen in der Literatur eine Lanze zu brechen. Die Humanistendebatte über die Frage, ob Dichtung in Latein oder in der Volkssprache geschrieben werden sollte, war seit Pietro Bembos maßgeblichem Urteil gegen das Lateinische ausgegangen. Bembo wollte allerdings das gehobene Toskanisch als Literatursprache durchsetzen, während Aretino sich für die Sprache des Volks auch in der Dichtung einsetzte.

»Halte mich nicht für langweilig, wenn ich ständig auf das Kapitel der Sprache komme«, sagt Nanna zu ihrer Tochter in der fremden römischen Umgebung. »Es ist für mich ein großer Schmerz, daß ich die schönsten und kraftvollsten Ausdrücke, die man in unserer Toskana gebraucht, fast ganz vergessen habe.« In den *Kurtisanengesprächen* gibt Aretino der Hauptperson reichlich Gelegenheit, das fast Vergessene wieder in Erinnerung zu rufen und ihrer Tochter (und den Lesern) weiterzugeben.

Wie hier der Autor und die Kurtisane Nanna übereinstimmen, so lassen sich auch im letzten Teil der Gespräche Parallelen zwischen Aretino und einer tragenden Figur erkennen. Statt Nanna hat hier die »Gevatterin« das Wort, eine ausgediente Kurtisane, die als besonders raffgierige Kupplerin dargestellt wird und sich selbst als Zynikerin betrachtet. »Ich habe stets die Gewohnheit gehabt«, erzählt die Gevatterin einer Amme, »jeden Morgen fünfundzwanzig Kirchen zu beschnuppern. In der einen nehme ich ein Stückchen Evangelium mit, in der anderen 'nen Fetzen von ›orate fratres‹, da und dort ein Tröpflein ›sanctus, sanctus‹, ein bißchen ›non sum dignus‹ oder ein Bröcklein vom ›erat verbum‹.« Diese Kurzbesuche in den Kirchen dienen der

Gevatterin aber nicht zur religiösen Erbauung, sondern zur zielbewußten Ausübung ihres Berufs: Sie prüft heimlich, welcher von den männlichen Kirchgängern als Opfer für sie in Frage kommt und bringt einen solchen Mann geschickt und wie zufällig mit einer jungen Dame zusammen, die auf diese Begegnung schon vorbereitet ist.

»Die Kupplerin und die Hure, meine liebe Amme, sind nicht nur Schwestern, sondern sogar Zwillingsschwestern. Frau Wollust ist ihre Mutter, und Herr Puff ist ihr Vater – so steht's in den Chroniken«, belehrt die Gevatterin die gebannt lauschende Amme. Eine Kupplerin, die sich durch ihre Tüchtigkeit einen bedeutenden Ruf erworben habe, sei mit einem berühmten Arzt zu vergleichen. Dem Mediziner wie der Kupplerin strömen alle Leute zu, weil sie wissen, daß beide in Notsituationen helfen können. Ein Arzt versteht sich auf den Körperbau, den Puls und die verschiedenen Krankheiten, und eine gute Kupplerin kennt sich darin ebenso gut aus. Der Arzt macht Kranke gesund, und die Kupplerin sorgt dafür, daß jemand, der krank vor Liebe ist, durch Liebe geheilt wird. Und da Liebesschmerzen noch viel stärker sein können als andere Schmerzen, übertreffen die Verdienste der Kupplerin sogar noch die des Arztes.

Soweit das Plädoyer der Gevatterin in eigener Sache. Und nachdem die wortgewandte Ex-Kurtisane noch einige freche Geschichten aus ihrem bewegten Leben berichtet hat, gibt es wieder ein bißchen Sprachunterricht, diesmal von der verpönten Art:

GEVATTERIN: »– ich hatte angefangen, von dem Herrn zu erzählen, der neue Hoffnung schöpfte, als die Schwalbe mir auf den Busen kackte …«

AMME: »Das Wort kacken kommt etwas zögernd aus deinem Mund heraus. Wie es scheint, muß man heute Manna spucken, wenn einen nicht die Weiber heruntermachen sollen, die in allen Bäckerläden und auf dem Markt schnattern, daß einem die Ohren platzen. Es ist einfach verrückt, daß man nicht mehr Ar, Vo und

Schwa sagen soll [italienisch: cu, po, ca – Abkürzungen für culo, potta, cazzo].«

GEVATTERIN: »Hundertmal hab' ich schon bei mir gedacht, warum wir uns schämen sollen, etwas beim Namen zu nennen, was die Natur sich nicht geschämt hat zu machen.«

AMME: »Darüber hab' ich auch nachgedacht; und ich geh' sogar noch weiter und sage: es scheint mir anständiger zu sein, den Ar, den Schwa und die Vo sehen zu lassen als Mund, Hände und Füße.«

GEVATTERIN: »Warum?«

AMME: »Weil Schwa, Vo und Ar nicht fluchen, beißen und ins Gesicht spucken, wie's der Mund tut, keine Tritte versetzen, wie's die Füße tun, keine Meineide schwören, nicht prügeln, nicht stehlen, nicht morden, wie's die Hände tun.«

GEVATTERIN: »Man muß sich immer mit allerhand Leuten unterhalten, weil man von allen was lernt! Du hast den Mund auf dem rechten Fleck und du hast Grütze im Kopf – du bist auf gutem Wege! Du hast recht, der Vo und dem Schwa wird schweres Unrecht getan; sie verdienten angebetet, als Schmuckstücke um den Hals oder als Ohrbommeln oder als Agraffen an den Baretten getragen zu werden, nicht nur wegen der Süßigkeiten, von denen sie triefen, sondern wegen ihrer Vortrefflichkeit. Da laufen einem Maler alle Leute zu, bloß weil er auf eine Leinwand oder auf ein Brett 'n hübschen Jungen oder 'n hübsches Mädchen hinpinselt; man wiegt ihm seine Bilder, die er doch bloß mit Farben gemacht hat, mit Geld auf. Aber Vo und Schwa machen Kinder von Fleisch und Blut, und man kann sie umarmen, herzen und küssen. Noch mehr: Sie machen sogar Kaiser, Könige, Päpste, Herzöge, Fürsten, Grafen, Freiherren, Kardinäle, Bischöfe, Prediger, Dichter, Sterndeuter, Helden – und was noch wichtiger ist: sie haben mich und dich gemacht. Man tut ihnen also großes Unrecht an, daß man ihre Namen nur andeutungsweise nennt, man sollte sie vielmehr im sol, fa singen!«

Mit »sol, fa« ist die in der Musik angewandte Methode gemeint, die einzelnen Stufen der damals gebräuchlichen sechsstufigen Tonleiter zu bezeichnen. Diese Methode, die sogenannte Solmisation, dient auch heute noch der Stimmbildung und Gehörschulung. Sie wurde wahrscheinlich um das Jahr 1026 von einem Landsmann Aretinos eingeführt, dem Benediktinermönch Guido von Arezzo, der eine Notenschrift auf Linien erfand.

Aretinos Ausflüge in musikalische Bereiche sind übrigens auffallend selten. Auffallend deshalb, weil vor allem in Venedig, wo Aretino immerhin etwa dreißig Jahre verbrachte, die Musik eine herausragende Rolle spielte. Der Doge Andrea Gritti, der Aretino so wohlwollend aufgenommen hatte, war ein sehr musikliebender Mann. Er hatte persönlich durchgesetzt, daß der niederländische Komponist Adrian Willaert zum Kapellmeister von San Marco ernannt wurde; unter Willaert begann sich die sogenannte Venezianische Schule zu entwickeln, deren Einfluß bald in ganz Europa spürbar wurde.

Auch Künstlerfreunde von Aretino galten als Musikliebhaber. Berühmt wurde zum Beispiel Tizians Gemälde *Venus und der Organist*, das im Jahre 1548 entstand. Es ist zwar weniger wegen der Orgel als wegen der nackten Venus zu einer Attraktion geworden, aber gerade dieser Zusammenhang wurde von einigen Kunsthistorikern als ein Versuch Tizians interpretiert, den Wettstreit zwischen sichtbarer und hörbarer Schönheit anzudeuten. Der Organist auf dem Bild stammt wahrscheinlich ebenfalls aus dem Bekanntenkreis Aretinos; es ist aller Wahrscheinlichkeit nach der Musiker Girolamo Parabosco, der bekanntermaßen zum Orgelspiel eine ähnlich intensive Beziehung hatte wie zu den Kurtisanen von Venedig.

Tizian selbst findet sich übrigens auf dem Bild *Die Hochzeit zu Kana* von Paolo Veronese als Baßspieler dargestellt. Und aus einem Brief Aretinos an einen Instrumentenbauer geht hervor, daß Tizian für sich ein Cembalo erwerben wollte und im Tausch dafür ein Gemälde anbot.

Ob Aretino sich für Musik nicht sonderlich interessierte oder ob seine mangelnde musikalische Ausbildung keine

Paolo Veronese, *Hochzeit zu Kana,* 1563
(Ausschnitt: Rollenporträt des Dichters Pietro Aretino in roter
Robe mit Dolch). Paris, Musée du Louvre

weiterführende Betätigung zuließ, sei dahingestellt. Sicher ist, daß er sich auch in diesem Punkt von seinen humanistischen Gegnern und dem Idealbild des *Cortigiano* unterschied. Denn in seinem *Buch vom Hofmann* hatte Baldassare Castiglione nachdrücklich vermerkt:

»Ihr müßt wissen, Signori, daß ich mich mit (...) dem Hofmann nicht zufrieden gebe, wenn er nicht auch Musiker ist und sich auf verschiedene Instrumente versteht und außerdem im Singen und Spielen nach Partituren erfahren und sicher ist. Denn wenn wir es recht bedenken, kann man in der Muße keine schicklichere und löblichere Erholung von Mühen und keine bessere Arznei für kranke Gemüter finden als Musik, und hauptsächlich an Höfen, wo man, außer daß sie jedem eine Zuflucht vor Überdruß verschafft, vieles tut, um den Damen zu gefallen, deren zarte und weiche Herzen leicht von Harmonie durchdrungen und von Süßigkeit erfüllt werden. Es ist daher kein Wunder, wenn sie in alten und gegenwärtigen Zeiten den Musikern stets geneigt gewesen sind und die Musik als höchst angenehme Herzensspeise betrachten.«

Derart sensitive Töne waren nicht Aretinos Sache, und mit einer Laute in der Hand hätte man sich diesen Kraftprotz, wie Tizian ihn gemalt hat, kaum vorstellen können. Aber ganz sicher wußte er die Wirkung von Musik auf seine Weise einzuschätzen. Denn die Kurtisane Nanna empfiehlt ihrer Tochter Pippa, immer ein Buch und ein Musikinstrument in greifbarer Nähe zu haben, um bei feinen Herren einen guten Eindruck zu machen und desto leichter an ihren Geldbeutel heranzukommen.

Als wolle er aber doch einige Belege dafür liefern, daß er nicht etwa als unsensibel eingeschätzt werden dürfe, läßt Aretino in seinen *Kurtisanengesprächen* einige Gedichte rezitieren, die einen Hinweis auf seine Feinsinnigkeit und seine Kenntnis der gehobenen Sprache geben wollen. Eines davon, das die Gevatterin auswendig weiß, lautet:

Oh, wenn es sein darf, Gott der Liebe,
Verteile auf die Herzen andrer Menschen
Das Weh, das du auf mich allein gehäuft!
Geist, Seele, Sinne,
Sie fühlen all die Martern mit,
Womit so grausam du mein Fleisch gegeißelt.
In meiner ungeheuren Todespein,
Die ich an deinem Kreuze leide,
Sei mir mit deiner Gnade nah!
Doch nicht um Schonung bitt' ich dich, o Herr,
In meiner bittren Qual:
Als Liebender will ich den Tod bestehen!
Mag auch der Schmerz
Mir meine schwachen Glieder lösen –
Amen! Dein Wille geschehe!

Die Amme, die der Gevatterin andächtig zugehört hat,
kennt nicht nur das Gedicht, sondern sogar seinen Verfasser: »Dieses Lied ist auch in Musik gesetzt worden und handelt von der göttlichen Liebe; so sagt der Meister, der, als er noch Schüler war, dies dichtete und auch die anderen, die du schon aufgesagt hast und noch aufsagen wirst.«

Und die Gevatterin bestätigt die poetische Produktion des Autors schon in jungen Jahren: »Die Geißel der Fürsten dichtete es, als er noch in der zartesten Jugendblüte stand ...«

Der göttliche Journalist

Gegen Ende seiner römischen Jahre hatte Aretino damit begonnen, seine publizistische Palette durch einen besonderen Farbton zu erweitern. Seine intime Kenntnis des Lebens und Treibens in Rom und seine Nähe zu den Mächtigen seiner Zeit erlaubten es ihm, manche persönlichen und politischen Voraussagen zu treffen, die für Uneingeweihte geradezu an Hellseherei grenzten. Eine solche Prognose veröffentlichte der hellhörige Aretino zum ersten Mal Ende 1526 für das folgende Jahr.

Für derartige horoskopähnliche Voraussagen war die Zeit besonders günstig. Das Abendland befand sich in einer äußerst unruhigen Epoche. Die Reformation und die kriegerischen Auseinandersetzungen zwischen Kaiser Karl V. und Franz I. ließen die Zeit als besonders unsicher erscheinen. Der Nährboden für die unterschiedlichsten Gerüchte und Befürchtungen war also ideal, und etliche »Berufsastrologen« bemühten sich, mit gewagten Zukunftsprognosen Geschäfte zu machen.

Aretino setzte sich von solchen Scharlatanen energisch ab. Er vertrat die Ansicht, daß Voraussagen nicht von dilettantischen Astrologen gemacht werden sollten, sondern nur auf konkreten Kenntnissen beruhen könnten. Da er selbst zu den wenigen gehörte, die über solche Kenntnisse verfügten, nahm er für seine eigenen Prognosen selbstbewußt in Anspruch, daß sie in den allermeisten Fällen zuträfen.

In einem besonders wichtigen Fall traf Aretinos Voraussage tatsächlich zu und erhöhte das Ansehen des »Göttlichen« enorm: In seinem Horoskop für das Jahr 1527 prophezeite der Schriftsteller die Zerstörung Roms.

Im Herbst 1525 war es zwischen Papst Clemens VII. und seinem schärfsten Kritiker, dem kaiserfreundlichen Kardinal Pompeo Colonna, zum offenen Bruch gekommen. Auf Weisung des Kaisers hatte Colonna begonnen, in Rom, Siena und Florenz Aufruhrstimmung gegen den Papst zu schüren, um Clemens aus Rom zu vertreiben.

Colonna hatte fünftausend Soldaten mobilisiert, die im September 1526 in Rom einmarschierten, ohne daß sie auf nennenswerten Widerstand gestoßen wären. Papst Clemens hatte zwar alle verfügbaren Männer zu den Waffen gerufen, aber niemand war willig, ihm beizustehen und Rom und den Vatikan zu schützen. Die Römer waren schon lange verbittert über zu hohe Steuern, zuviel Unordnung in den Behörden und zuviel Korruption in verantwortlichen Positionen.

Der Papst, der sich alleingelassen sah und wußte, daß ihn Colonnas Truppen nicht schonen würden, verließ eilig den vatikanischen Palast und verschanzte sich auf der Engelsburg. Die wenigen Soldaten der Schweizergarde, die im Vatikan geblieben waren, konnten die heranstürmenden Truppen nicht aufhalten, und so ergoß sich ein Strom von plündernden Soldaten durch die Porta Santo Spirito in das vatikanische Stadtviertel.

Was im Borgo, im Vatikan und in der Peterskirche nur irgendeinen Wert hatte, wurde zerstört oder mitgenommen. Altäre wurden geplündert, und kostbare Kreuze, Gefäße, Gewänder und Reliquien geraubt. Das Schlafzimmer des Papstes wurde ebenso ausgeräumt wie die Zimmer der Prälaten, die Teppiche Raffaels wurden geraubt und die Porzellansammlung Gibertis wurde zertrümmert. Nur in den neuen Borgo wagten sich die Plünderer nicht, weil sie dort von den schweren Geschützen auf der Engelsburg beschossen worden wären.

Am Abend des 20. September zogen sich Colonnas Soldaten schließlich, mit Beute beladen, zurück. Den gesamten Schaden, den sie im Vatikan angerichtet hatten, schätzte man auf 300 000 Dukaten.

Aber dieser Vandalenakt, den der damals in Rom lebende Deutsche Cornelius de Fine in seinem Tagebuch als ein »Greuel für alle Christen« bezeichnete, war erst das Vorgeplänkel für das fürchterliche Schicksal, das Rom im folgenden Jahr zu erdulden hatte – den »Sacco di Roma«, die Verwüstung Roms im Jahr 1527 durch die Landsknechte Georgs von Frundsberg, die die Stadt bis zur Unkenntlichkeit zerstörten.

Daß Aretino dieses verheerende Ereignis prophezeite, war vielleicht eher eine provokative Äußerung des skandalfreudigen Satirikers als eine tatsächliche Erwartung. Aber als das Unglaubliche, die Plünderung und Verwüstung Roms, Wirklichkeit wurde, erwies sich diese Katastrophe für Aretinos publizistischen Ruf als unerhörter Erfolg. In einem Brief vom 28. Mai 1527 drückte der Markgraf von Mantua dem Schriftsteller seine Bewunderung »für die richtigste Voraussage seit vielen Jahren« aus und meinte, man könne Aretino geradezu als »göttlichen Propheten« ansehen.

Von Venedig aus ließ Aretino in den Prognosen der folgenden Jahre seiner Satirelust ungehemmten Lauf. Das tief korrumpierte Rom, das er zur Zielscheibe seiner Angriffe machte, war für ihn, wie er in einem »Horoskop« für das Jahr 1534 an den französischen König schrieb, der »Schwanz der Welt«. Wie er es schon in seinen Pasquino-Texten zur Zeit der Papstwahl getan hatte, spielte Aretino auch in den Prognosen mit dramaturgischen Effekten, indem er durch die Andeutung von politischen Fehlern und privaten Vergehen der Mächtigen seine Leser neugierig machte, sie durch Abschweifungen hinhielt, die Spannung mit frechen Beleidigungen oder durch Enthüllung löste und dabei nie vergaß, sich selbst und seine weitreichende satirische Feder als die unerschöpfliche Quelle brillanter Wortkunst beifallheischend in den Mittelpunkt zu stellen.

Im Jahr 1534, in dem der erste Teil der *Kurtisanengespräche* erschien, begann der produktive Autor mit der Veröffentlichung einer ganz anderen Art von Literatur: Er publizierte eine Leidensgeschichte Jesu.

Daß der Verfasser von satirischen und frivolen Texten sich allen Ernstes mit religiösen Themen beschäftigen könnte, mußte auf den ersten Blick verblüffen. Wenn man aber diesen vielseitig begabten Schriftsteller mit seiner materialistischen Lebensauffassung und seiner skeptischen Weltanschauung nicht einfach auf den Begriff »obszöner Autor« reduzierte, konnte man seine neue Themenauswahl als durchaus folgerichtig erkennen.

Aretino, der selbstbewußte Pedantenfeind, wollte sich in möglichst vielen Bereichen mit Konkurrenten messen und sein urwüchsiges, unverbildetes Talent unter Beweis stellen. Von diesem Talent wollte er leben. Auf die Dauer mußte er deshalb sein Auditorium vergrößern und auch diejenigen an sich ziehen, die ihn wegen seiner aggressiven Freizügigkeit bisher gemieden oder sogar bekämpft hatten.

Aber noch ein anderer Grund schien bei diesem Themenwechsel eine Rolle zu spielen: Der gleichermaßen bewunderte wie geschmähte Schriftsteller wollte den oft wiederholten Vorwurf der Gottlosigkeit nicht auf sich sitzen lassen. Denn, so läßt sich aus etlichen seiner brieflichen Äußerungen herauslesen, Aretino spielte ernsthaft mit dem Gedanken, Kardinal zu werden.

Daß ein Mann wie Aretino sich tatsächlich reale Chancen für eine solche Stellung ausrechnen durfte, warf ein bezeichnendes Licht auf die damaligen Zustände der Kirche. Insofern war dieser mehr oder weniger heimliche Wunsch bei näherem Hinsehen nicht völlig überraschend.

Der Ton, in dem er mit manchen Kardinälen umging,

wies deutlich darauf hin, daß er sie geringschätzte, weil sie wesentlich weniger fromm lebten als sie vorgaben. Heuchelei aufzudecken, sah Aretino als seine wichtigste Aufgabe an. Daß er selbst wegen vieler Schmeichelbriefe als Heuchler betrachtet werden könnte, übersah er anscheinend geflissentlich.

Geistliche Würdenträger, die ihn gelegentlich beschenkten, weil sie seinen Spott fürchteten, oder die ihm gewogen waren, weil er ihnen eine seiner Schriften gewidmet hatte, mußten darauf gefaßt sein, daß er sehr ungnädig werden konnte, wenn sie in ihrer Freigebigkeit nachließen. Ganz besonders verärgert reagierte Aretino, als sein Sekretär Ambrogio im Hause des Kardinals Niccolò Gaddi die Summe von sechshundert Scudi verspielte, die er von Franz I. für Aretino kassiert hatte. In einem Brief an den Kardinal verband Aretino seinen Zorn mit moralischen Vorhaltungen:

»Anfangs wollte ich das Geschehene mit keinem Wort berühren und nicht von der großen Summe reden, die mein Diener beim Spiel in Eurem Hause und in Eurer Gegenwart verloren hat. Die Angelegenheit ziemt sich nicht für einen Bauern, geschweige denn für einen Kardinal. Gewiß verdiente, verehrter Monsignore, die lange Freundschaft, die mich mit Monsignor Luigi, mit Messer Giovanni, mit Sinibaldi und mit Euch verband, Belohnung und nicht Mord. Aber ich wundere mich, daß Ihr, Meister Niccolò, es gewagt habt, es an Achtung fehlen zu lassen, nicht gegen mich, Meister Niccolò, sondern gegen jenen König, der Eurer Unwürdigkeit einigen Ruhm verliehen hat, gegen jenen König, dessen Freigebigkeit Eure kühnsten Hoffnungen übertrifft. Das Geschenk war noch in der königlichen Börse, als Ihr es mir genommen habt. Ihr wäret fürwahr kein guter Prälat, wenn Ihr die geringste Erkenntlichkeit für empfangene Wohltaten besäßet. Darum habe ich der Notwendigkeit, mich für Eure Unbill zu rächen, nicht länger widerstehen können, und diese Rache sollt Ihr bald gedruckt sehen. Einstweilen küsse ich Eurer erhabenen Herrlichkeit die Hände, ich, der ich den Rang besser ehren würde, den Ihr entehrt.«

Ob Aretino die Gelegenheit erhalten würde, diese Behauptung zu beweisen, mußte er erst einmal geduldig abwarten. Die Drohung, seine »Rache zu drucken«, machte er mit der Veröffentlichung des Briefes immerhin wahr. Ob sie für Kardinal Gaddi irgendwelche Konsequenzen hatte, ist nicht vermerkt.

Eine Drohung gegenüber einem anderen geistlichen Würdenträger setzte Aretino allerdings nicht in die Tat um. An den Kardinal von Trient, den er anscheinend vergeblich um größere materielle Unterstützung gebeten hatte, schrieb er in flehentlichem Sarkasmus:

»Nun muß der arme Aretino, der unglückliche Greis, der in der ganzen Welt dafür bekannt ist, immer nur furchtlos die Wahrheit gesagt zu haben, in die Türkei gehen, um sein Brot zu suchen. Er verläßt die christlichen Fürsten, die ihre Schätze an die Schmeichler, an die Parasiten, an die Heuchler, an die Schurken, an die Diebe verschwenden; solcher Art von Leuten sind die erhabensten Hände immer geöffnet. Jawohl, ich werde nach Konstantinopel gehen, Monsignore, ich werde dahin gehen ohne Eure Erlaubnis. Während Elende sich des Reichtums freuen dürfen und Nutzen aus ihren Lastern ziehen, werde ich die Wunden zeigen, die meine Tüchtigkeit und mein Talent mir geschlagen haben. Die Ottomanen, die doch nur wilde Bestien sind, werden Mitleid haben mit diesem Schauspiel, das die Gebieter der Christenheit nicht bewegt. Soviel an mir liegt, könnt Ihr, großer Kardinal, sicher sein, daß ich Euren Ruhm und Eure Pracht durch den ganzen Orient hin verkünden werden, und was mich schmerzt, wenn ich vielleicht für immer das gegen mich undankbare Italien verlasse, ist, daß ich hier kein genügend glänzendes Zeugnis meiner Verehrung für Euch zurücklassen kann. Was die hundert Scudi betrifft, die Ihr mir versprecht, so habe ich sie in meinem armseligen Greisentum sehr nötig.«

Von den weltlichen Höfen hatte Aretino genug, aber eine gesicherte Position sah der inzwischen über Vierzigjährige allmählich wohl doch als nützlich an. In der Umgebung des

Vatikans kannte er sich aus wie kaum ein anderer. Die Stellung eines Kardinals war mit hohem Ansehen verbunden, ein sorgenfreies Auskommen war bis ans Lebensende gewährleistet, er hatte politischen und gesellschaftlichen Einfluß und konnte über seine privaten Interessen unabhängig entscheiden – was von einigen allerdings so mißbraucht wurde, daß Aretino als Pasquino diese Art von geistlichen Würdenträgern heftig angegriffen hatte. Für die Erfüllung seines Wunsches sprach, daß Aretino zu Papst Clemens VII. wieder gute Beziehungen hatte und von dieser entscheidenden Seite her kaum Widerstände zu erwarten waren. So konnte sich der Satiriker auf einen neuen Weg machen, ohne den alten zu verlassen.

Die Leidensgeschichte Jesu, wie Aretino sie beschrieb, stieß auf beachtliches Interesse. Die Schrift, die 1534 bei Nicolini in Venedig erschien, mußte im selben Jahr neu aufgelegt werden und wurde zwei Jahre später bei Marcolini, der als Drucker auch die Neuausgabe von Aretinos erfolgreicher Komödie *La Cortigiana* begonnen hatte, nochmals herausgebracht. 1539 erschien in Lyon eine französische Übersetzung des Werkes.

Auch die anderen religiösen Schriften Aretinos hatten zu Lebzeiten des Autors mehrere Auflagen. Den *Sieben Bußpsalmen Davids* folgten im Jahre 1535 eine dreibändige und 1538 eine vierbändige *Lebensgeschichte Jesu* sowie eine *Genesis, mit einer Vision Noahs, in der er die Geheimnisse des Alten und des Neuen Testaments sieht,* 1539 eine *Lebensgeschichte der Jungfrau Maria*, ein Jahr später die *Lebensgeschichte der heiligen Katharina* und 1543 die *Lebensgeschichte des heiligen Thomas von Aquin*. Die positive Resonanz selbst aus kirchlichen Kreisen stimulierte Aretino offenbar so sehr, daß er, der ohnehin das Prädikat »divino« gern für sich in Anspruch nahm, seine erbaulichen Schriften als von Gott inspiriert erklärte und sich als »fünften Evangelisten« auf der Suche nach der Wahrheit betrachtete.

Mit dem Ziel, die biblischen Texte für das Volk verständlicher zu machen, verfaßte Aretino im Predigerton wortreiche Ergänzungen und deutende Umschreibungen der lateinischen Bibelfassung, die er sich vorher ins Italienische hatte übersetzen lassen. Bei seinen illustrierenden Vergleichen und bemühten Erläuterungen läßt er sich häufig von seinem eigenen Redeschwall derart hinreißen, daß er die oft lapidare und dadurch um so gehaltvollere Sprache des Bibeltextes um ihre Wirkung bringt.

Besonders bei seiner Lebensbeschreibung der heiligen Katharina, bei der Aretino nicht, wie bei den Schriften des Alten und Neuen Testaments eine feste Textvorgabe hat, gerät er oft in sprachlichen Leerlauf und reiht einfach Adjektive aneinander, ohne damit eine Steigerung der Aussagekraft zu erreichen: »Die leichte, die fromme, die klare, die anmutige, die edle, die glühende, die gläubige, die wahrhafte, die süße, die gute, die heilsame, die geweihte und heilige Rede Katharinas, der Jungfrau, der heiligen, geweihten, heilsamen, guten, süßen, wahrhaften, gläubigen, glühenden, edlen, anmutigen, klaren, frommen und leichten, hatte die Geister derart gefangengenommen …«

Dennoch ist er von seiner Arbeit, die »fast ganz auf dem Rücken der Erfindung« entstanden ist, wie er sagt, offenbar so angetan, daß er die riskante Behauptung aufstellt: »Abgesehen davon, daß alles, was zur Ehre Gottes beiträgt, erlaubt ist, wäre dies Werk, das in sich gering ist, gar nichts ohne die Hilfe, die ich ihm durch mein Nachdenken habe angedeihen lassen.«

Zumindest über weite Strecken, ähnlich leblos wie die Biographie der heiligen Katharina, ist beispielsweise auch die Schilderung der Maria Magdalena. Gelegentlich blitzt zwar bei einem solchen Thema Sinnlichkeit auf, aber meist verwendet Aretino für seine Beschreibungen ausgerechnet die gekünstelte Sprache, die er bei den »Pedanten« verabscheut. So bleibt beim Lesen ständig der Eindruck, daß es sich für Aretino lediglich um Stilübungen handelt, in einem Bereich, der nicht seiner Überzeugung entspricht und dessen Darstellung deshalb auch nicht überzeugt, sondern schwülstig, kitschig und unaufrichtig wirkt – ein Spiel mit Worthülsen.

Die Lebensbeschreibungen der Katharina und des Thomas von Aquin waren übrigens Arbeiten im Auftrag des Marchese del Vasto, des mächtigen kaiserlichen Statthalters. Selbst wenn Aretino eingesehen hätte, daß er durch diese Heiligenbiographien überfordert war, hätte er den Auftrag kaum ablehnen können, denn das Wohlwollen des Marchese war für ihn existenzerhaltend, da del Vasto dafür sorgte, daß Aretino seine Jahrespension von Kaiser Karl V. regelmäßig erhielt.

Finanziell unabhängig war Aretino also auch in Venedig nicht. Um eine zusätzliche Sicherheit zu haben, wandte er sich schon in den ersten Monaten seines venezianischen Aufenthalts wieder an den Herzog von Mantua mit dem Vorschlag, die Familie Gonzaga auf ähnliche Weise durch eine Huldigungsdichtung zu ehren, wie es Ariost mit der Familie Este in Ferrara getan hatte. Aretino schickte dem Herzog einige Proben, mit denen sich Federico sehr zufrieden zeigte. Doch die Arbeit kam nicht recht voran, obwohl Aretino den Herzog seines größten Respektes versicherte und Federico bereits bei Papst Clemens VII. das Privileg für den Druck erwirkt hatte.

Woran das Projekt letztlich scheiterte, ist nicht klar. Sei es, daß der Herzog nicht länger warten mochte, sei es, daß Aretino des Vorhabens überdrüssig geworden war, der Briefwechsel zwischen Federico und Aretino wurde jedenfalls unterbrochen, und Aretino mußte sich nach einem neuen Gönner umsehen. Die Hilfe des Markgrafen konnte Aretino allerdings in einer anderen Angelegenheit noch für seine Interessen mobilisieren.

Als die Republik Florenz am 12. August 1530 vor dem

päpstlich-kaiserlichen Heer, das die Stadt belagerte, kapitulieren mußte, befürchtete das nahegelegene Arezzo, ebenfalls unter den Druck der feindlichen Truppen zu geraten. Die kleine Stadt wandte sich deshalb um Vermittlung an Aretino, der umgehend dem Markgrafen einen schmeichelhaften Brief schrieb mit der Bitte, sich bei seinem Bruder Ferrante, der die kaiserlichen Truppen befehligte, zugunsten Arezzos zu verwenden. »Ich bitte Euch um ehrenhafte und heilige Dinge«, schrieb Aretino, »und ich erinnere Euch daran, daß die Aretiner älteste Toskaner sind und daß Vergil bekennt, Mantua sei von Toskanern gegründet ...«

Indem Aretino den berühmten Dichter Vergil, der in der Nähe von Mantua geboren war, eng mit Arezzo in Verbindung brachte, das seine eigene Heimatstadt war, ließ er anklingen, daß er als weithin bekannter Schriftsteller ebenfalls in der Lage sei, das Lob Mantuas und seines großzügigen Herzogs zu verkünden. Federico ging auch wirklich auf Aretinos Bitte ein, Arezzo blieb vom drohenden Krieg verschont, Aretino lobte laut den Markgrafen für seine gelungene Intervention, und Arezzo feierte Aretino als Retter seiner Heimat.

Außer in Lobeshymnen und religiösen Schriften versuchte Aretino sich in diesen Jahren auch an Dichtungen, die sich an Ariost orientierten. Aber ähnlich wie die Beschreibung der heiligen Katharina wirkte auch die Schilderung seiner anderen Frauenfiguren, wie *Angelica* oder *Angela Serena*, merkwürdig steif, fast leblos. Vor allem die Beschreibung weiblicher Schönheit, die man bei Aretino eigentlich besonders eindrucksvoll erwartet hätte, gelang dem vielgerühmten Freund der Frauen kaum jemals überzeugend. Seine Aufzählung von körperlichen Vorzügen der Frauen wirkte monoton wie eine Litanei. Auch Ariost scheint ihm in dieser Hinsicht kein gutes Vorbild abgegeben zu haben. Einige Verse aus dessen *Rasendem Roland*, die die Schönheit des Mädchens Alcina besingen, wurden von

Aretino in seiner Kunstdebatte mit Lodovico Dolce besonders gerühmt:

>»Was kunsterfahrene Maler je erfunden,
Reicht an die Schönheit ihrer Bildung nicht.
Die blonden Haare, lang und aufgewunden,
Besiegen selbst des Goldes glänzend Licht.
Mit Rosen haben Lilien sich verbunden
Und überstreun ihr zartes Angesicht.
Die heitre Stirn, in ihres Maßes Reine,
Scheint wie geformt aus glattem Elfenbeine.«

Mehr als zwei Jahrhunderte später hat sich Gotthold Ephraim Lessing kritisch zu Aretinos Begeisterung über Ariosts Beschreibung der Schönheit geäußert. In seiner Abhandlung *Laokoon oder über die Grenzen der Malerei und Poesie* aus dem Jahre 1766 meint Lessing:

»Dolce in seinem Gespräch von der Malerei, läßt den Aretino von den angeführten Stanzen des Ariost (*Orlando furioso*, VII 11-15) ein außerordentliches Aufheben machen; ich hingegen wähle sie als ein Exempel eines Gemäldes ohne Gemälde. Wir haben beide recht. Dolce bewundert darin die Kenntnisse, welche der Dichter von der körperlichen Schönheit zu haben zeigte; ich sehe aber bloß auf die Wirkung, welche diese Kenntnisse, in Worte ausgedrückt, auf meine Einbildungskraft haben können. Dolce schließt aus jenen Kenntnissen, daß gute Dichter nicht minder gute Maler sind; und ich aus dieser Wirkung, daß sich das, was die Maler durch Linien und Farben am besten ausdrücken können, durch Worte gerade am schlechtesten ausdrücken läßt. Dolce empfiehlt die Schilderung des Ariost allen Malern als das vollkommenste Vorbild einer schönen Frau; und ich empfehle es allen Dichtern als die lehrreichste Warnung., was einem Ariost mißlingen mußte, nicht noch unglücklicher zu versuchen.«

Daß Lessing sich offensichtlich ganz ernsthaft mit Aretino auseinandergesetzt hat, überrascht beinahe, wenn man sich die meist sehr schroffe Ablehnung vor Augen führt, die

Aretino von vielen anderen deutschen Kritikern postum zuteil wurde. Auch wenn Lessing Aretinos Lobrede für Ariost nicht teilte, bewies der aufgeklärte Dichter mit seiner Stellungnahme deutlich, daß er den italienischen Satiriker nicht bloß als obszönen Autor begriff, sondern auch andere Seiten Aretinos zur Kenntnis nahm.

Als Dichter hatte Aretino sich inzwischen auf vielen Feldern versucht, dabei aber feststellen müssen, daß er keine wirkliche Garantie dafür hatte, sein weiteres Leben mit seiner literarischen Produktion fristen zu können. Von einem Kardinalsamt war offiziell noch nicht die Rede. So mußte sich der Schriftsteller weiterhin um ständige Geldgeber bemühen. Ein potentieller Gönner war Franz I. von Frankreich.

Um von der gefürchteten Feder Aretinos möglichst verschont zu bleiben, hatte der französische König dem Satiriker im Jahre 1533 eine wertvolle Goldkette übersenden lassen. Das kunstvoll gearbeitete Stück wog etwa acht Pfund und hatte einen Wert von sechshundert Dukaten. Es war aus goldemaillierten Zungen zusammengesetzt und trug die Aufschrift: »Seine Zunge wird lügen«. Diese etwas merkwürdig klingende Devise sollte nach Ansicht des Königs bedeuten, daß Franz I. das Lob, das Aretino ihm reichlich gespendet hatte, in königlicher Bescheidenheit als lügenhafte Übertreibung ansah. An Vittoria Colonna schrieb der über das Geschenk erfreute Aretino, er habe die Kette als Belohnung für seine Komödie *Die Kurtisane* erhalten.

Nach dem Tod Papst Clemens' VII. wurde Kardinal Farnese, unter dem Namen Paul III., sein Nachfolger. Für den Pasquino hätte es in Rom nun sicher wieder viel zu tun gegeben, und Freunde Aretinos bemühten sich, den Schriftsteller nach Rom zurückzulocken. Aber Aretino war fest entschlossen, in Venedig zu bleiben. Er wußte, daß er nur von dort aus ungehindert journalistischen Einfluß ausüben und seine Kritik in alle Welt senden konnte.

Auch von kaiserlicher Seite erhielt Aretino immer wieder Gunstbeweise. Markgrafen und Generäle, die mit Karl V. sympathisierten, versuchten, den Schriftsteller vom französischen König wegzuziehen. Aber der französische König war wohl sicher, mit seiner Prunkkette den umworbenen Literaten fest an sich gebunden zu haben, und ließ in der Folgezeit nichts mehr von sich hören.

Aretino, der seinen Lebensunterhalt nicht von einer goldenen Kette und gelegentlichen Geschenken bestreiten konnte, mußte sich nach einer regelmäßig sprudelnden Geldquelle umsehen. Sein politisches Gespür, das er aufgrund seiner ständigen Informationen gut entwickelt hatte, sagte ihm, daß Karl V. allmählich in Italien die Oberhand gewinnen würde. Im Jahre 1536 richtete Aretino einen Brief an den Kaiser, in dem er ihm »prophezeite«, er werde den französischen König im Kampf um die Macht besiegen. Dieses Signal zu einer Annäherung wurde vom Kaiser prompt belohnt: Er wies Aretino eine Jahrespension von zweihundert Dukaten an, so daß dieser seine finanziellen Sorgen um die Zukunft los war. Er schrieb dem Kaiser einen glühenden Dankesbrief und ließ den französischen König wissen, daß ihm diese Pension ganz aus freien Stücken bewilligt worden sei.

Im selben Jahr sah Aretino noch mehr Grund dafür, sich von Franz I. zurückzuziehen: Der französische König verbündete sich mit dem türkischen Sultan. Diese Entscheidung rief in ganz Europa größte Erregung hervor. Daß »das allerchristlichste Frankreich mit einem Zug ganz offen sechs Jahrhunderte christlicher Tradition auslöschte«, empörte Aretino derart, daß er einen unverhohlen zornigen Brief an den französischen König richtete:

»Es schmerzt mich, dich nicht mehr König von Frankreich oder Franz nennen zu können, weil derjenige nicht mehr in Wahrheit König oder frei [italienisch: ›franco‹, also ein Wortspiel mit

›Franz‹] genannt werden kann, der bei den Rebellen gegen seinen eigenen Gott um Hilfe bettelt. Wenn du die mutvollen und tapferen Herzen genauso geschätzt hättest wie du die niedrigen Schmeicheleien geschätzt hast, brauchte das nicht zu sein. Wenn an deinem Hof die Kraft der Soldaten so bewertet worden wäre wie die Verweichlichung gezierter Höflinge bewertet worden ist, dann brauchte das nicht zu sein – dann hättest du die Türken und Mohren nicht nötig gehabt.«

Der französische König, der durch dieses öffentlich gemachte Schreiben unsanft daran erinnert wurde, welche Machtposition Aretino innehatte, bemühte sich umgehend wieder um freundschaftliche Beziehungen mit dem gefürchteten Literaten. Er bot ihm eine doppelt so hohe Pension an wie der Kaiser, und als Aretino darauf nicht ansprach, ließ der französische Hof fingierte Briefe kursieren, die angeblich von Aretino stammten und gegen den Kaiser gerichtet waren. Aretino konnte diese Fälschungen ohne weiteres widerlegen, und die Distanz zwischen ihm und Franz I. vergrößerte sich.

Daß Aretino wieder einmal auf die richtige Karte gesetzt hatte, sollte sich bald herausstellen. Im Jahre 1543 erlebte er die bedeutendste öffentliche Ehrung seiner gesamten Laufbahn.

Auf dem Weg nach Deutschland wollte Karl V. das Gebiet der Republik Venedig passieren. Dort sollte er von Herzog Guidobaldo von Urbino, dem Oberbefehlshaber der venezianischen Truppen, begrüßt werden. Da der Herzog den Aretiner verehrte, wollte er ihn gern bei sich haben und bat ihn um seine Begleitung. Aretino wollte eigentlich Venedig nicht verlassen, war aber andererseits neugierig genug, den Kaiser, der ihm immer geneigt gewesen war, einmal aus der Nähe sehen zu wollen. Gemeinsam mit dem Herzog von Urbino ritt er durch Padua und Vicenza nach Verona, wo Karl V. erwartet wurde.

Als die Nachricht kam, daß der Kaiser schon in der Nähe

sei, ritten der Herzog und Aretino ihm mit großem Gefolge bis nach Peschiera entgegen. Und dann erlebte Aretino den Moment, der seinen Ruf durch ganz Europa trug: Als Karl V., der mächtigste Mann der damaligen Welt, den Schriftsteller erkannte, lenkte er sein Pferd auf ihn zu, begrüßte ihn freundlich und lud ihn ein, an seiner Rechten zu reiten. Während des langen Rittes berichtete der Kaiser dem Literaten von seinen Feldzügen und erzählte Aretino auch, daß die spanischen Adligen seine Werke läsen und sich Abschriften davon machen ließen.

Abends im Feldlager las Aretino dann ein Lobgedicht auf die Siege des Kaisers und sagte Karl V. die denkbar größten Erfolge voraus. Der Kaiser revanchierte sich mit reichen Geschenken und versuchte, Aretino zu überreden, zu ihm an den kaiserlichen Hof nach Spanien zu kommen. Aretino lehnte ehrerbietig ab, und Karl V. meinte zum Abschied: »Da Ihr nicht weiter mit uns kommen wollt, begleitet uns wenigstens mit Eurer Feder.« Aretinos Triumph war vollkommen.

Briefwechsel mit Michelangelo

Aretinos ehrgeiziger Wunsch, die bedeutenden Persönlichkeiten seiner Zeit kennenzulernen, um sowohl an deren Ruhm und Einfluß teilzunehmen, als sie auch von seinen eigenen Fähigkeiten zu überzeugen, erstreckte sich nicht nur auf die politisch Mächtigen, sondern auch auf Dichter und bildende Künstler. Seine Freundschaften mit Tizian, Sansovino und Sebastiano del Piombo waren dabei keineswegs bloß gesellschaftliche Staffage, die Aretinos Ansehen erhöhen sollten. Aretinos umfangreiche Korrespondenz mit seinen Freunden zeigt eindeutig, daß der Schriftsteller von ihnen als empfindungsreicher und anregender Gesprächspartner auf ihrem eigenen Feld ernstgenommen wurde.

Von einem so hochangesehenen Künstler wie Michelangelo mußte Aretino sich ganz besonders angezogen fühlen. Michelangelo galt als einer der bedeutendsten Künstler, um dessen Werke sich Fürsten und Päpste gleichermaßen bemühten. Andererseits lebte und arbeitete er äußerst zurückgezogen und schien völlig in seiner Kunst aufzugehen. Es gab allerdings Gerüchte, daß der geniale Mann dem einen oder anderen seiner jüngeren Mitarbeiter besonders zugetan war – für einen klatschempfänglichen Menschen wie Aretino eine zusätzliche Attraktion.

Michelangelo war damals mit der Ausführung des *Jüngsten Gerichts* beschäftigt, an dem er schon unter Papst Clemens VII. gearbeitet hatte und auf dessen baldige Vollendung Clemens' Nachfolger, Papst Paul III., nun drängte.

Ende September 1537 erhielt Michelangelo einen überraschenden Brief aus Venedig. Er kam von Pietro Aretino, den Michelangelo zumindest vom Hörensagen kannte; der Verfasser der freizügigen *Kurtisanengespräche* und Günstling von Papst Leo X. war auch nach seinem Weggang von Rom in allgemeiner Erinnerung als satirischer Schriftsteller, der immer bestens über viele Geheimnisse informiert war und sprach oder schwieg, je nachdem, wie man ihn dafür entlohnte.

Michelangelo konnte dem Schreiben, das in höchst respektvollem Ton gehalten war, also durchaus einen gewissen Wert beimessen, auch wenn er mit dem Inhalt vielleicht nicht unbedingt einverstanden war. Aretino, der sich zwar mit Malerei beschäftigte, aber doch kein praktizierender Künstler war, unterbreitete nämlich in seinem Brief dem anerkannt genialen Maler und Bildhauer mit größter Beredsamkeit seine eigene Idee von der bildlichen Darstellung des *Jüngsten Gerichts* für die Decke der Sixtinischen Kapelle.

Dieser Brief, den Aretino in mehreren Abschriften kursieren ließ und später, wie auch Michelangelos Antwort, seiner umfangreichen Sammlung einverleibte, ist für Aretino-Biographen deshalb von besonderer Bedeutung, weil er gleich mehrere Facetten von Aretinos Charakter beleuchtet: seine einschmeichelnde Geschicklichkeit im Umgang mit der Prominenz seiner Zeit; seine demonstrativ präsentierte Kenntnis antiker Persönlichkeiten, die ihm den Anstrich der klassischen Bildung gab; seine selbstgefällig vorgetragenen Bildphantasien, die er denen Michelangelos an die Seite stellte; und nicht zuletzt, bei aller vorgeblich unterwürfigen Höflichkeit, ein unüberhörbar belehrender Ton, der gegebenenfalls in Aggressivität und Bedrohung umschlagen konnte. Michelangelo war also gewarnt.

Aretinos Brief, adressiert an den »göttlichen Michelangelo«, lautete folgendermaßen:

Michelangelo Buonarotti, Stahlstich von Jacob Fleischmann
nach einem Gemälde von Giuliano Bugiardini

Venedig, 15. September 1537

»Wie es, verehrungswürdiger Mann! eine Schande für den Ruf und eine Sünde für die Seele eines Menschen ist, sich Gottes nicht zu erinnern, so ist es ein Tadel für diejenigen, die Tugend und Verstand haben, Euch nicht zu verehren, der Ihr ein Gegenstand von Bewunderung seid, auf welchen die Gunst der Sterne um die Wette alle Pfeile ihrer Gnaden abgeschossen hat. Daher lebt verborgen in Euren Händen die Idee einer neuen Natur, weshalb die Schwierigkeiten der Konturen, welche die größte Wissenschaft und Feinheit in der Malerei erfordern, Euch so leicht ist, daß Ihr in der Begrenzung der Körper das Äußerste der Kunst zum Abschluß bringt, eine Sache, von der die Kunst selbst gesteht, daß es unmöglich sei, sie zur Vollendung zu führen. Indem nämlich der Umriß, wie Ihr wißt, sich gleichsam selbst umgeben und in einer Weise ausgehen muß, daß er beim Zeigen dessen, was er zeigt, Dinge zu versprechen vermöge, wie sie die Figuren der Kapelle denjenigen versprechen, die sie besser zu beurteilen als bloß zu bewundern imstande sind.

Ich aber, der ich mit Lob und Schmach den größten Teil der Verdienste und der Schwächen der anderen bezeichnet habe, grüße Euch, um nicht das Wenige, das ich bin, in Nichts zu verwandeln. Und auch dies würde ich nicht zu tun wagen, wenn nicht mein Name, der den Ohren jedes Fürsten angenehm klingt, dadurch an seiner Unwürdigkeit um Vieles verloren hätte. Und zwar ziemt es sich wohl, daß ich Euch hochachte, da die Welt viele Könige, aber nur einen Michelangelo hat. Wahrlich, ein großes Wunder ist es, daß die Natur, die nichts so hoch stellen kann, daß Ihr es nicht mit Eurer Kunst wiederfindet, in ihren Werken nicht die Majestät auszudrücken vermag, welche die unendliche Gewalt Eures Pinsels und Eures Meißels in sich selbst trägt! So daß, wer Euch sieht, sich nicht darum kümmert, Phidias, Apelles und Vitruv nicht gesehen zu haben, deren Geister nur der Schatten Eures Geistes waren. Aber ich halte es für ein Glück des Parrhasius und der anderen alten Maler, daß das Geschick der Zeiten ihnen nicht gestattet hat, daß ihre Werke bis auf den heutigen Tag leben. Denn das ist die Veranlassung, daß wir dem, was die alten Schriften davon ausposaunen, Glauben schenken und es dahingestellt sein lassen, Euch jene Palme zu geben, welche vielleicht jene, wenn sie vor das Tribunal unserer Augen gestellt werden könnten, selbst zuerkennen würden, indem sie Euch als den einzigen Bildhauer, einzigen Maler und einzigen Baumeister preisen würden.

Ist dem aber so, warum begnügt Ihr Euch nicht mit dem Ruhme, den Ihr schon jetzt erworben? Mir scheint es, als ob es Euch genügen sollte, die Anderen mit Euren anderen Werken überwunden zu haben; indessen fühle ich, daß Ihr mit dem Ende des Weltalls, welches Ihr gegenwärtig malt, die Schöpfung der Welt zu übertreffen gedenkt, die Ihr schon gemalt habt, auf daß Eure Bilder, von Euren Bildern selbst übertroffen, Euch über Euch selbst triumphieren lassen. Und wer würde nicht von Entsetzen erfaßt werden, indem er den Pinsel zu einem so erschütternden Werk ansetzte? Ich sehe in der Mitte der Menschenhaufen den Antichrist, von einem Ansehen, wie Ihr allein es zu ersinnen vermögt. Ich sehe das Entsetzen auf der Stirn der Lebendigen, ich sehe, wie die Sonne und der Mond und die Sterne dem Erlöschen nahe sind; sehe, wie der Geist sich gleichsam wieder in Feuer und Luft, Erde und Wasser aushaucht; sehe, wie sich die entsetzte Natur fruchtlos in der Zeit ihres Hinschwindens aufzuraffen sucht; ich sehe die Zeit, verdorrt und zitternd, die, weil sie an ihrem letzten Ziel angelangt ist, auf einem dürren Baumstamm sitzt, und während ich bemerke, wie von den Posaunen der Engel die Herzen aller Menschen erschüttert werden, sehe ich das Leben und den Tod von gräßlicher Verwirrung überwältigt, indem das Leben sich bemüht, die Toten zu erwecken, der Tod aber bestrebt ist, die Lebendigen niederzuschlagen. Und dann sehe ich die Hoffnung und die Verzweiflung, welche die Scharen der Guten und die Züge der Verdammten geleiten; ich sehe den Schauplatz der Wolken gefärbt von Strahlen, die von den reinen Feuergluten des Himmels ausgehen und auf denen unter seinen Heerscharen Christus thront, umgürtet von Glanz und Schrecken; ich sehe sein Antlitz leuchten, und indem er Flammen eines herrlichen und furchtbaren Lichtes aussprüht, erfüllt er die Guten mit Wonne, die Bösen aber mit Entsetzen. Und dabei sehe ich andererseits die Diener des Abgrundes, welche, furchtbaren Ansehens, zum Ruhm der Märtyrer und Heiligen, Cäsar und Alexander verhöhnen – denn es ist größer, sich selbst, als die Welt überwunden zu haben! Ich sehe den Ruhm mit seinen Kränzen und Palmen unter den Füßen und ihn selbst unter die Räder seines Wagens gestürzt, und endlich sehe ich aus dem Munde des Sohnes Gottes den Urteilsspruch hervorgehen! Diesen erblicke ich in Gestalt zweier Pfeile, deren einer das Heil, deren anderer die Verdammnis bringt; und indem dieselben hinabfliegen, fühle ich, wie sein Zorn das Weltgebäude erschüttert und es mit furchtbarem Donner zerstört und zerschmettert! Ich sehe den Glanz des Paradieses und die Feuerschlünde der Hölle, welche die über das Antlitz des Dunstkreises gelagerte Nacht durchbrechen; so daß der Gedanke, der mir das Bild von der Zerstörung am Jüngsten Tage vorstellt, zu mir spricht: Wenn man so fürchtet und zittert beim Anschauen von Buonarrotis Werk, wie erst werden wir fürchten und zittern, wenn wir selbst dem Gerichte dessen entgegentreten, der uns zu richten hat?

Aber glaubt Eure Herrlichkeit nicht, daß das Gelübde, das ich getan habe, Rom nie wieder zu sehen, gebrochen werden dürfe wegen des Wunsches, ein solches Werk zu sehen? Ich will lieber meinen eigenen Entschluß Lügen strafen als Eurer Fähigkeit zu nahe treten, und damit bitte ich Euch, Ihr mögt meinen Wunsch, diese zu rühmen und zu preisen, mit Wohlwollen aufnehmen!«

Der pompös gedrechselte Stil des Briefes war zweifellos als ernsthafte Huldigung an den hochverehrten Künstler gedacht. Aretino bewunderte Michelangelo tatsächlich. In einem Brief aus dem Jahre 1535 an Giorgio Vasari, in dem Aretino sich für eine Michelangelo-Skizze der heiligen Katharina bedankt, nennt er Michelangelo sogar den »Gott der Bildhauerei, aus dessen himmlischen Händen ich die Skizze der heiligen Katharina empfangen habe, die er als Kind gezeichnet hat. Aus so hohem Beginn voller Majestät und Weisheit ersieht man deutlich, daß solche Gaben den Menschen selten verliehen werden.« Und an Niccolò Franco schreibt er im Juni 1537, Michelangelo habe »Natur und Kunst in solche Verlegenheit gebracht, daß sie nicht mehr wissen, ob sie seine Lehrmeisterinnen oder seine Schülerinnen« seien.

Aretinos Kritiker sahen in dem Schreiben an Michelangelo allerdings nur den Hochmut eines größenwahnsinnigen Dilettanten. Daß Aretino das schmückende Beiwort »göttlich«, das er gern für sich selbst in Anspruch nahm, für

Michelangelo benutzte, schien ihnen ein deutlicher Hinweis darauf, daß sich der unverschämte Verfasser der *Kurtisanengespräche* mit Michelangelo, dem größten Künstler der Welt, auf eine Stufe stellte – eine unglaubliche Anmaßung, ebenso wie Aretinos Versuch, den großen Meister mit »Vorschlägen« zu belästigen. Bei solcher Kritik wurde allerdings übersehen, daß Aretino seinem vertrauten Freund Tizian, wie die enthusiastische Schilderung des Sonnenuntergangs belegt, ähnliche Anregungen gab, die der Maler mit Interesse entgegennahm.

Michelangelo ließ in seinem Antwortschreiben jedenfalls nicht durchblicken, daß er Aretinos Vorschläge für überflüssig hielt, sondern bedankte sich auf die höflichste Weise für dessen Brief und bot dem Aretiner sogar etwas an, was diesem »angenehm« sei:

Rom, September 1537

»Vortrefflicher Messer Pietro, mein Herr und Bruder! Beim Empfang Eures Briefes habe ich Freude und Schmerz zu gleicher Zeit empfunden. Gefreut habe ich mich, daß der Brief von Euch kam, der Ihr an Vortrefflichkeit einzig auf der Welt seid; aber auch großen Schmerz habe ich gefühlt, weil ich bei Vollendung eines großen Teils des Bildes Eure Erfindungen nicht mehr in Ausführung bringen kann. Eure Erfindungen, die der Art sind, daß, wenn der Tag des Gerichtes schon gewesen wäre und Ihr ihn mitangesehen hättet, Eure Worte ihn nicht besser würden zeichnen können.

Nun, um in betreff Eurer Absicht von mir zu schreiben, zu antworten, sage ich Euch, daß es mir nicht nur lieb sein wird, sondern daß ich Euch sogar sehr bitte, es zu tun, weil ja doch selbst Könige und Kaiser es für die höchste Gunst halten, von Eurer Feder genannt zu werden. Wenn ich zu dem Ende etwas habe, was Euch angenehm ist, so biete ich es Euch von ganzem Herzen an. Und was zuletzt Eure Absicht betrifft, nicht nach Rom zu kommen, so ändert Euren Entschluß nicht, um etwa die Malerei, die ich mache, zu sehen, denn das würde wirklich zuviel sein. Ich empfehle mich Euch.«

Über diesen Brief war Aretino höchst erfreut, vor allem
über die Aussicht, vielleicht eine neue Zeichnung von Michelangelo als Belohnung dafür zu erhalten, daß er den
Künstler in höchsten Tönen lobte und dessen potentiellen
Auftraggeberkreis erweiterte. Von Kaiser Karl V. hatte
Aretino eine Pension zugesichert bekommen, vom französischen König Franz I. eine goldene Kette zum Geschenk erhalten – eine Zeichnung von Michelangelo persönlich
konnte diese prestigeträchtige Kollektion nur noch mehr
aufwerten und den Ruf ihres Besitzers nicht weniger.

Doch Aretinos Wunsch und Michelangelos Zusage blieben unerfüllt. Am 20. Januar 1538 brachte Aretino sich deshalb erneut mit einem Brief in Erinnerung, diesmal mit
einem gereizten Unterton, in dem man Ironie mitschwingen
zu vernehmen glaubt:

»Da ich kein smaragdenes Gefäß besitze gleich jenem, in das Alexander der Große die Werke Homers zu legen pflegte, habe ich, als
mir Messer Jacopo Nardi, ein sowohl infolge seines Alters als auch
seiner Weisheit verehrungswürdiger Mann, Euren Brief überbrachte, jenen um sein großes Verdienst beneidet und meine ge-
ringe Macht beklagt. Und weil ich keinen würdigeren Platz habe,
legte ich Euern Brief, nachdem ich ihn mit der schuldigen Ehrer-
bietung gelesen hatte, mit Andacht in einen der goldenen Kelche,
die der verewigte Antonio Leva in seiner Gefälligkeit mir einst geschenkt hat. Obgleich es schade ist, daß Ihr soviel kostbare Zeit
verstreichen ließet, ehe Ihr mir antwortetet, sage ich, daß es zuviel
der Ehre für mich war, Euch herabzulassen und meinen Brief anzunehmen, den ich Euch nicht geschrieben hatte, um Euch kund-
zutun, wie Ihr das Jüngste Gericht zu malen hättet, sondern um
Euch darzulegen, daß man sich nichts auszudenken vermag, was
Euerm Werk nicht untergeordnet wäre. Wahrlich, Ihr seid ein göttlicher Mensch; wer daher über Euch schreibt, der muß es mit über-
menschlichen Worten tun, wenn er nicht seine Unwissenheit offenbaren will, denn der würde lügen, der auf gewöhnliche Art von
Euch reden wollte. Daher empfange ich es als besonderes Geschenk, daß Ihr mir erlaubt, einiges über Euch zu schreiben, so gut

ich es vermag. Und damit Ihr seht, wie ich es anfange, sende ich
Euch hiermit das Buch (den ersten Band der Briefe), in dem ich,
mit dem Ruhm Eures Namens mich schmückend, mich seiner in
mancherlei Art bedient habe. Doch sollte meine Verehrung dem
Fürsten der Bildhauerei und Malerei nicht ein Blatt jener Hand-
zeichnungen entlocken können, wie Ihr sie dem Feuer zu übergeben pflegt, auf daß ich im Leben mich daran erfreue und im Tode
es mit mir ins Grab nehme? Ich weiß, die Kühnheit einer solchen
Bitte kann die Vortrefflichkeit des Freundes, an den sie gerichtet
ist, nicht herabwürdigen, weil er edelmütig ist und das Anerbie-
ten, das er mir in bezug auf alles, was er besitzt, gemacht hat, nicht
Lügen strafen wird.«

Doch Michelangelo reagierte nicht. Aretinos Geduld wurde
auf eine harte Probe gestellt. Zutiefst beleidigt schickte der
Schriftsteller, der inzwischen die Zeichnungen vom *Jüngsten Gericht* gesehen hatte, im April 1544 einen weiteren
Brief an Michelangelo. Er habe beim Anblick der Zeichnungen Tränen der Liebe vergossen, schrieb er emphatisch. Wie
erst würde er geweint haben, wenn er das aus Michelangelos gottgeheiligter Hand entstammende Werk selbst sehen
könnte! Er danke Gott für die Gnade, zu Michelangelos Zeit
geboren zu sein, und er rühme sich dessen genauso, wie
daß er zur Zeit Kaiser Karls leben dürfe.

Dieser unverblümten Schmeichelei fügte Aretino dann
den eigentlichen Grund für seinen Brief an: »Aber weshalb,
o Herr, belohnt Ihr nicht meine so große Ergebenheit, mit
der ich Eure himmlischen Eigenschaften verehre, mit einer
Reliquie von jenen Blättern, auf welche Ihr einen geringeren
Wert legt? Wahrlich, ich würde zwei Striche, die Ihr mit
Kohle auf ein Blatt geworfen habt, höher schätzen als alle
Becher und Ketten, die mir jemals irgendwelche Fürsten
verehrt haben.«

Diesen Bettelbrief beantwortete Michelangelo, ohne zu-
sätzliches Schreiben, wahrscheinlich mit einer einzigen
Zeichnung. Aretino, der offenbar mehr erwartet hatte, äu-

ßerte sich in Briefen an Bekannte ziemlich unzufrieden über das Geschenk. Weiteren Wünschen entsprach Michelangelo jedoch nicht.

Diese Unterlassung sollte sich als sehr unvorsichtig herausstellen. Der beleidigte Aretino, der großzügig seine Mitarbeit am Ruhm Michelangelos angekündigt hatte, sprach und schrieb jetzt nur noch abfällig über das *Jüngste Gericht*, ein Werk, das er vorher noch mit Freudentränen betrachtet hatte. Ausgerechnet der Mann, der mit seinen freizügigen *Kurtisanengesprächen* und den noch frivoleren *Wollüstigen Sonetten* öffentliches Ärgernis erregt hatte, trat plötzlich als Hüter der Moral auf und warf Michelangelo vor, daß er nackte Menschen in einer kirchlichen Umgebung zeige. Mit dieser unerwarteten Kritik stellte sich der wendige Aretino leichtfüßig auf die Seite derer, die er gewöhnlich mit seinen Satiren angriff.

In heuchlerisch aufgebrachtem Ton schrieb er in seinem berüchtigten Brief vom November 1545 an Michelangelo:

»Ich, als getaufter Christ, schäme mich jener dem Geist versagten Freiheit, die Ihr Euch in der Darstellung der Gedanken über das Ende aller Dinge genommen habt, auf das alle Bedeutung unseres wahrhaftigen Glaubens gerichtet ist. Also jener Michelangelo von so erstaunlichem Rufe, jener Michelangelo, dessen Weisheit so bekannt ist und dessen Name so bewundert wird, der hat den Völkern nicht weniger Ruchlosigkeit des Unglaubens als Vollendung der Malerei zeigen wollen? Ist es möglich, daß Ihr, der Ihr wegen Eurer Göttlichkeit den Umgang mit den Menschen meidet, dies in dem größten Tempel Gottes getan habt? Über dem ersten Altare Jesu? In der größten Kapelle der Welt, wo die großen Angelpunkte der Kirche, die ehrwürdigen Priester und der Statthalter Christi selbst mit katholischen Zeremonien, heiligen Ordnungen und gotterfüllten Reden Zeugnis von dessen Fleisch und Blut ablegen, es anschauen und anbeten?«

Anläßlich eines so erhabenen Vorgangs wie des *Jüngsten Gerichts* stelle der Maler Engel und Heilige vor, »von denen die einen jedes irdischen Anstands und die anderen jedes himmlischen Schmuckes ermangeln. Wer jedoch Christ ist und die Kunst höher stellt als den Glauben, wird sowohl die Unschicklichkeit der Märtyrer und Jungfrauen für bare Münze nehmen, als auch die Gebärde dessen, der an den Geschlechtsteilen herbeigezerrt wird, ein Anblick, der selbst im Hurenhaus genügen würde, davor die Augen zu schließen ...«. Er empfiehlt Michelangelo, »die Scham der Verdammten mit Feuerflammen und die der Seligen mit Sonnenstrahlen zu verdecken« oder auch die Florentiner Sitte zu übernehmen, »die unter ein paar goldenen Blättern die Schamteile Eures schönen Riesen verbirgt, und dabei steht der nur auf einem öffentlichen Platz und nicht an geweihter Stätte.«

Als sei es nicht genug mit diesen Tiraden, die für einen satirischen Schriftsteller, der in den *Kurtisanengesprächen* gerade die »ehrwürdigen Priester«, die »katholischen Zeremonien, heiligen Ordnungen und gotterfüllten Reden« auf die denkbar derbste Weise lächerlich gemacht hatte, absolut unglaubwürdig waren, griff Aretino noch zu einer weiteren Schmähung. Er, der allgemein dafür bekannt war, in seinem sexuellen Leben wenig Unterschiede zwischen Frauen und Männern zu machen, glaubte Michelangelo Homosexualität vorwerfen zu dürfen. Denn angeblich ziehe sich der große Meister von allen Menschen zurück, aber merkwürdigerweise könnten gleich zwei junge Männer, nämlich »Gherardi und Tomai über Euch verfügen«, wie Aretino hinterhältig formulierte.

Michelangelo war tief getroffen von dem infamen Brief des enttäuschten ehemaligen Verehrers. Sein ohnmächtiger Groll auf den unberechenbaren Aretiner ist, wie manche Biographen meinen, an der Figur des heiligen Bartholomäus im *Jüngsten Gericht* abzulesen, der eine auffallende Ähnlichkeit mit Aretino hat. Der Heilige hält eine abgezogene Gesichtshaut in seiner Hand. Das geschundene Gesicht, das an die grausame antike Legende von Apollo und Marsyas erinnert, trägt die verzerrten Züge Michelangelos. Diese Deutung trifft höchstwahrscheinlich zu. Denn wie Kunsthistoriker belegen konnten, hat Michelangelo auf seiner Darstellung des *Jüngsten Gerichts* etliche Personen abgebildet, zu denen der Künstler ein besonders gutes oder aber ein ausgesprochen schlechtes Verhältnis hatte; mehrere dieser Personen waren noch am Leben, als Michelangelo an seinem Meisterwerk arbeitete. Auf dem riesigen Fresko sind beispielsweise die Porträts der Päpste Julius' II., Clemens' VII. und Pauls III. sowie die von Savonarola und von Vittoria Colonna deutlich zu erkennen. Es spricht also nichts dagegen, daß Michelangelo auch seinen bedrohlichen Briefpartner Aretino darstellen wollte – als einen Gegner, der ihn »geschunden« hatte.

Schon bald nach der Enthüllung des *Jüngsten Gerichts* meldeten sich, neben ehrerbietigen Bewunderern von Michelangelos Kunst, auch Kritiker, die das riesige Bildwerk von einem vermeintlich religiösen Standpunkt aus angriffen, indem sie sich, wie Aretino bald darauf, über die Nacktheit der dargestellten Gestalten empörten.

Nachdem Aretinos Brief an Michelangelo an die Öffentlichkeit gelangt war, schlossen sich weitere echte oder heuchlerische Eiferer der Kritik an. Bernardino Ochino, ein ehemaliger Ordensbruder, griff Papst Paul III. dafür an, daß er eine so anstößige und schmutzige Darstellung wie die Michelangelos in der Kapelle geduldet habe und weiter dulde, in der gottesdienstliche Handlungen vollzogen würden. Diese Malerei wäre besser in einem Theater oder in einem Komödienhaus am Platze, wo anstößige Stücke zum Vortrag kommen dürften. In seinem *Gespräch über Malerei* zog dann auch Aretinos Freund Lodovico Dolce gegen Michelangelos Werk zu Felde: »Niemand wird mich vernünftigerweise überzeugen können, daß man in der Malerei nicht die größte Kunstfertigkeit entfalten könne, ohne jene

Michelangelo, Szene aus dem *Jüngsten Gericht:*
Die abgezogene Haut des Märtyrers Bartholomäus, dargestellt
mit den verzerrten Gesichtszügen Michelangelos

Teile entblößt zu zeigen, die die Natur uns zu verbergen lehrt. Das aber geht bei diesem Michelangelo allzu weit und über jedes erlaubte Maß hinaus …«.

Wenige Jahre später kam von ganz unerwarteter Seite eine Ehrenrettung für die Entblößten des *Jüngsten Gerichts*. Als Paolo Veronese sich 1563 vor dem Inquisitionsgericht dafür verantworten mußte, auf einem seiner Gemälde »schamlose« Gestalten dargestellt zu haben, berief er sich zu seiner Verteidigung auf Michelangelos *Jüngstes Gericht*. Mit entwaffnender Logik argumentierten die Richter: »Wißt Ihr denn nicht, daß bei der Darstellung des Jüngsten Gerichts, bei dem man keine Kleider oder dergleichen erwartet, kein Anlaß bestand, Gewänder zu malen?«

Aber trotz mancher Befürworter der natürlichen Nacktheit siegten Michelangelos Kritiker letzten Endes doch. Am 21. Januar 1564 ordnete die Kongregation des Konzils von Trient an, daß die Blößen im *Jüngsten Gericht* bedeckt werden müßten. Beauftragt mit dieser heiklen Aufgabe wurde der später als »Hosenmaler« verspottete Daniele da Volterra und nach dessen Tod der Maler Girolamo da Fano. Aber der schamlose Untergrund setzte sich auf die Dauer immer wieder durch, und so mußte, unter den Päpsten Sixtus V. und Clemens VIII., der Überstrich erneuert werden. Zur Zeit Papst Gregors XIII. wurde sogar allen Ernstes daran gedacht, das gesamte Fresko zu übertünchen.

Michelangelo allerdings starb, noch bevor es zu solchen Überlegungen kam, am 18. Februar 1564, knapp einen Monat nach der Entscheidung des Konzils.

Offene Briefe, enthüllte Gefühle

Der wichtigste Schlüssel zu Aretinos Charakter sind zweifellos seine Briefe. Aretino selbst verstand sie vermutlich als literarische Kunstwerke, die seine vielfältigen stilistischen Fähigkeiten demonstrierten und zugleich ein unübersehbares Zeichen für seinen erstaunlich selbstverständlichen Umgang mit den Großen seiner Zeit waren. Eine massivere Aufwertung seiner gesellschaftlichen Stellung ließ sich kaum denken als diese Sammlung von mehr als dreitausend Briefen von geistlichen und weltlichen Fürsten, von Malern, Bildhauern, Dichterinnen und Gelehrten – eine einmalige Kollektion von persönlichen Ruhmesblättern, die gleichzeitig eine kulturgeschichtliche Dokumentation von außergewöhnlichem Wert ist.

Die in sechs Bänden veröffentlichte Korrespondenz zeigt den schmeichelnden Lobredner wie den treffsicheren Satiriker, den ruhmsüchtigen Schriftsteller wie den zuverlässigen Freund, den lebensfrohen Genießer wie den kaltblütigen Angreifer, den hemmungslosen Egozentriker wie den großzügigen Gastgeber und den liebevollen Vater. Und alle diese offenen Briefe waren, wenn auch mit einem beträchtlichen Aufwand an rhetorischen Mitteln, in der Volkssprache abgefaßt; sie waren also auch für ein Publikum zugänglich, das nicht das Latein der Humanisten verstand. Die ersten fünf Briefbände erschienen zwischen 1538 und 1550; der sechste Band wurde 1557, ein Jahr nach Aretinos Tod, publiziert.

Die Briefe von und an Aretino lassen in einzigartiger

Weise die große Bandbreite erkennen, in der sich der Autor der *Kurtisanengespräche*, der Satiren und Komödien, der religiösen und der weltlichen Schriften zu äußern verstand. Gleichzeitig kennzeichnen sie die Charaktere seiner Korrespondenten, die allesamt ein großes Interesse daran zu haben schienen, mit dem wortgewandten »Divino« möglichst keinen Streit zu bekommen.

Zwar reflektierte Aretino auf Amt und Würden eines Kardinals, aber auch eine andere einträgliche und unaufwendige Tätigkeit in Rom hätte ihn möglicherweise von Venedig weglocken können, wenn sie ihm angeboten worden wäre: die eines päpstlichen Siegelbewahrers. Die Aufgabe eines solchen bestand darin, päpstliche Urkunden mit einem Bleisiegel [italienisch: piombo] zu versehen. Diese nicht eben aufwendige Arbeit wurde meist als Ehrenamt an verdiente Künstler oder andere begünstigte Personen verliehen. Eine solche Tätigkeit hätte Aretino finanziell unabhängig gemacht und ihm reichlich Zeit für literarische Arbeit gelassen.

In seinen Künstlerbiographien berichtete Giorgio Vasari, daß sich, nachdem der vorherige Amtsinhaber Fra Mariano Fetti verstorben war, Vasaris Malerfreund Sebastiano um diese Funktion bemühte und sie von Papst Clemens VII. auch zugesprochen erhielt. Sebastiano, der nicht gerade als arbeitswütig bekannt war, zog also das Mönchsgewand an und genoß das mühelose Einkommen. Auf die Vorhaltungen von Kollegen, daß er vielleicht für einen Künstler zu faul sei, meinte er: »Da ich genug zum Leben habe, will ich nichts arbeiten. Heutzutage gibt es Leute, die in zwei Monaten machen, wozu ich zwei Jahre benötigt habe, und wenn ich noch lange genug leben werde, dann werde ich bald alles Mögliche gemalt sehen. Und da die anderen soviel machen, ist es ein Glück, daß es einen gibt, der nichts macht, so daß ihnen dadurch mehr zufällt.«

Dieser praktisch klingende Gedanke sollte zwar einerseits wohl das leichte Unbehagen verdecken, das Sebastiano vermutlich wegen seiner bequemen Tätigkeit empfand, andererseits aber auch eine Kritik an den schnellfertigen, flüchtig arbeitenden Kollegen sein, die zu der Zeit immer zahlreicher wurden. An seinen Freund Aretino schrieb Sebastiano, dem man nun den Beinamen ›del Piombo‹ gab:

»Mein teuerster Bruder! Ich glaube, Ihr werdet Euch über meine Nachlässigkeit wundern, daß ich Euch so lange nicht geschrieben habe. Die Ursache dafür war, daß ich keinen Gegenstand hatte, der die Mühe lohnte. Nun aber, da mich unser Herr, der Papst, zum Mönch gemacht hat, möchte ich nicht, daß Ihr Euch der Ansicht hingäbet, daß mich die Möncherei verdorben hätte und ich nicht mehr derselbe Maler Sebastiano und derselbe gute Gefährte sei, der ich in der Vergangenheit immer gewesen bin. Und deshalb tut es mir sehr leid, daß ich nicht mit meinen teuren Freunden und Genossen zusammen sein und mich der guten Dinge erfreuen kann, die mir Gott und unser Gönner Papst Clemens gegeben haben. – Ich glaube, ich brauche Euch das Was und das Wie und das Warum nicht zu erzählen, genug, ich bin der Bruder Siegelbewahrer, das ist nämlich das Amt, welches Bruder Mariano hatte; und Papst Clemens soll leben! Und wollte Gott, daß Ihr mir Glauben geschenkt hättet, aber Geduld, lieber Bruder! Ich glaube gern und alles, und das ist nun die Frucht meines Glaubens, und sagt nur dem Sansovino, daß man in Rom Ämter und Siegel und Hüte und andere Dinge fischt, aber in Venedig nur Aale und andere Fische, und darum, mit allem Respekt vor meinem Vaterlande, sage ich das nicht, um schlecht von demselben zu reden, sondern nur, um unserem Sansovino die Dinge von Rom ins Gedächtnis zurückzurufen, die Ihr alle beide zusammen besser kennt als ich. Und dann habt die Gewogenheit, mich brüderlich unserem teuersten Gevatter Tizian, sowie allen anderen Freunden und unserem Musiker Giulio zu empfehlen …«

Die Art und Weise, wie Sebastiano über das »Fischen« von »Ämtern, Siegeln und Hüten« sprach, deutet nicht darauf hin, daß man für diesen geistlichen Dienst eine ausgeprägt fromme Einstellung vorzuweisen brauchte. An Michelangelo schrieb Sebastiano einen ähnlichen Brief wie an Aretino und meinte, »der teuerste verehrungswürdigste Gevatter« würde lachen, wenn er seinen Fraund in Mönchstracht sähe. »Ich bin das schönste Mönchlein«, schrieb er selbstironisch und fuhr dann – nicht ganz ehrlich, weil er wußte, wie arbeitsam Michelangelo war – fort: »Ich habe an die Sache nicht einmal gedacht. Sie ist dem Papst aus eigenem Antrieb gekommen. Und Gott sei ewiglich gelobt, da es scheint, daß er es eigens so gewollt hat. Und so sei es denn.«

Sowohl Michelangelo als auch Aretino gegenüber versuchte der Maler sich dafür zu rechtfertigen, daß er die geruhsame Funktion angenommen hatte. Er hatte sie bereits zwölf Jahre lang ausgeübt, als der Papst sich entschied, dieses Amt an Tizian zu übergeben als Lohn für ein Porträt, das Tizian von Clemens VII. malte. Tizian lehnte aber höflich ab, vermutlich um seinen befreundeten Kollegen Sebastiano nicht zu verdrängen. Aretino zeigte sich von dieser noblen Haltung sehr angetan. Im Juli 1543 schrieb er an Tizian:

»Das Gerücht, mein einziger Gevatter, gefällt sich so sehr darin, das Wunder Eures Pinsels in dem Porträt des Papstes zu verherrlichen, daß, wenn nicht die Verpflichtung wäre, die Großmut durch die ganze Welt zu verbreiten, die Euer Geist durch Zurückweisung des Siegelamtes bewiesen hat, welches Euch Seine Heiligkeit als Belohnung dafür zu erteilen gedachte, dasselbe nie aufhören würde, es auszuposaunen, wie lebendig, wie so ganz er selbst und wie so wahr er sei!

Aber ein jegliches Eurer Werke, und wenn auch noch so göttlich, muß jener Handlung weichen, wodurch Ihr dasjenige anzunehmen verschmäht, das zu erlangen jeden anderen glücklich gemacht haben würde. Ihr ganz allein habt dadurch, daß Ihr die Euch dargebotene Würde nicht gewollt habt, bewiesen, wie sehr an Vortrefflichkeit und Schönheit Rom unserem Venedig untergeordnet sei, und um wie vieles höher der Adel der Weltkleider gelte, als die Erbärmlichkeit der verfl… Kapuze. Es lebe der Vecellio, der seinen guten Namen höher hält als große Einkünfte!«

Wie sehr ein Freund den anderen gegenüber einflußreichen Dritten lobte und jeder damit für den steigenden Ruhm des anderen sorgte, geht aus zahlreichen Briefen Aretinos und seiner befreundeten Briefpartner hervor. So sorgte beispielsweise Tizian mit einem seiner Aretino-Porträts dafür, daß der Markgraf von Mantua ihn möglicherweise noch höher einschätzte, da er ja von dem berühmten Maler porträtiert worden war.

Tizian war im Januar 1523 nach Mantua eingeladen worden, um ein Porträt des Markgrafen zu malen. Eine Zeitlang war die Verbindung dann unterbrochen, wurde aber durch einen Brief Tizians, der das Aretino-Gemälde und ein Porträt des kaiserlichen Gesandten Girolamo Adorno betraf, wieder aufgenommen. In der Hoffnung auf neue künstlerische Aufträge des Markgrafen schrieb Tizian an Federico einen Brief in untertänigem Ton:

»Erlauchter Herr! Da ich weiß, wie Eure Hoheit die Malerei liebt und hochschätzt, was Messer Giulio Romano so sehr zu seinem Vorteil erfahren hat, und da ich immer wünschte, Eurer Hoheit zu gefallen, so habe ich Messer Pietro Aretino gemalt, der hierher gekommen ist, um als ein zweiter Paulus das Lob Eurer Hoheit zu predigen, und da ich weiß, daß Ihr einen solchen Diener wegen seiner vielen Vorzüge liebt, so mache ich Euch dieses Porträt zum Geschenk. Da ich ferner dem Signor Girolamo Adorno ein freundschaftliches Andenken bewahre, der den Markgrafen von Mantua anbetete, und da er ein würdiger Edelmann war, so sende ich sein Bild gleichfalls zum Geschenk. Und obwohl dies keine Gaben sind, die einer so hochgestellten Person wie Euer Hoheit würdig sind, und obwohl sie nicht von einem besonders tüchtigen Maler stammen, so bitte ich, die Ergebenheit Tizians anzunehmen und die Werke bis zu einer Zeit zu bewahren, wo ich – soweit dies innerhalb der Grenzen meiner Begabung möglich ist – imstande sein werde, etwas zu senden, was Euch zufriedenstellen wird, so daß Ihr dasselbe in Gnaden anzunehmen geruht, indem Ihr Euch erinnert, daß ich stets Euer Diener war.

Ich küsse Eurer Hoheit die Hand.«

Zwei Wochen später, mit einem Schreiben vom 8. Juli 1527, bedankte sich der Markgraf für die beiden Gemälde und lobte den natürlichen Ausdruck der Bilder und ihre Ähnlichkeit mit den Dargestellten. Ein neuer Auftrag war damit allerdings noch nicht verbunden. Den erreichte erst Tizians Freund Aretino mit einer höflichen Bitte. Im Oktober antwortete Federico mit dem Versprechen, er werde Tizian demnächst einen Beweis dafür geben, »wie hoch ich ihn schätze und wie angenehm er mir ist«. Mit einem neuen Auftrag an den Maler hielt der Markgraf seine Zusage ein.

Ein Porträt des Markgrafen von Tizians Hand war der Anstoß für den wachsenden Ruhm des Malers. Kaiser Karl V. hatte bei einem Besuch Federicos in Mantua das Bild gesehen und war von der Darstellung dermaßen beeindruckt, daß er ebenfalls von Tizian porträtiert zu werden wünschte. Im Winter 1532/33 malte Tizian zwei Porträts des Kaisers, die diesem so gut gefielen, daß er ihn, mit einer in Barcelona ausgestellten Urkunde vom 10. März 1533, zu seinem Hofmaler machte. Gleichzeitig ernannte er ihn zum Grafen des Lateran-Palastes, zum Mitglied des kaiserlichen Hofes und zum Staatsrat mit dem Titel eines Pfalzgrafen. In der kaiserlichen Ernennungsurkunde heißt es zur Begründung dieser vielfachen Ehrungen:

»Da es immer Unsere Gewohnheit war, seitdem Wir durch die göttliche Gnade zu der Höhe der kaiserlichen Würde gelangt sind, denjenigen, welche mit besonderer Treue und Hingebung gegen Uns und das Heilige römische Reich ausgestattet sind und welche sich durch vortreffliche Sitten und erhabene Tugenden, durch die Übung der freien Künste und durch Befähigung ausgezeichnet und berühmt gemacht haben, vor allen anderen durch Wohlwollen, Gunst und Unsere Gnade zu ehren. Und da Wir nun Deine besondere Treue und Ergebenheit gegen Uns und das Heilige römische Reich, sowie unter Deinen übrigen ausgezeichneten Tugenden und Geistesgaben Deine seltene Kunst, Bilder zu malen und nach dem Leben darzustellen, in Betracht gezogen haben, in welcher Kunst Du Dich Uns als ein solcher erwiesen hast, daß du mit Recht der Apelles unseres Jahrhunderts genannt zu werden verdienst; und indem Wir ferner das Beispiel Unserer Vorgänger Alexander des Großen und des Octavianus Augustus befolgen, von welchen jener nur einzig und allein von Apelles, dieser aber nur von den ausgezeichnetsten Malern gemalt werden wollte, wodurch sie weise verhinderten, daß nicht durch die Fehler unerfahrener Maler und durch schlechte und unschöne Malereien ihr Ruhm bei den Nachfolgern geschmälert werde,: also haben Wir Uns Dir zum Malen anvertraut und haben sowohl von Deiner Leichtigkeit als von Deinem Glück darin solche Beweise erfahren, daß Wir Uns mit Recht entschlossen haben, Dich mit kaiserlichen Ehren zu betrauen, um zugleich Unsere Gnade für Dich offen zu bekunden und unseren Nachkommen ein Zeugnis Deiner Tugenden zu hinterlassen.«

Zu den Vorrechten, die mit diesen Würden verbunden waren, gehörte unter anderen, daß der so hochgeehrte Maler von nun an überall im ganzen Heiligen Römischen Reich Notare, Kanzler und Richter ernennen durfte. Außerdem wurde Tizian ausdrücklich das Recht zuerkannt, natürliche oder illegitim geborene Kinder von Personen unterhalb des Standes eines Prinzen, Grafen oder Barons als legitim zu erklären, so daß diese Kinder alle Rechte gesetzlicher Nachkommen nutzen konnten.

Tizian selbst wurde zum Ritter vom goldenen Sporn gemacht und durfte alle damit verbundenen Vorrechte, zum Beispiel das Führen des Schwertes, der Ketten und goldener Sporen, wahrnehmen und bei Hofe erscheinen. Von all diesen Privilegien hat Tizian nachweisbar Gebrauch gemacht. Aus Dokumenten geht hervor, daß er in seiner Heimatstadt Cadore zwischen 1540 und 1568 sechzehn dort geborene Männer zu Notaren gemacht und im September 1558 zwei natürliche Söhne eines Pfarrers für legitim erklärt hat. Auf einem seiner Bilder, *Ecce homo*, kann man auf einem Papierstreifen den Hinweis auf seinen Ritterstand lesen.

Mit welch ausgesuchter Höflichkeit Tizian und Aretino einander begegneten und wie jeder von ihnen Gelegenheiten wahrnahm, den jeweils abwesenden Freund zu loben oder zu empfehlen, geht aus einem Brief hervor, den Tizian am 31. Mai 1536 aus Asti schrieb. Der Maler war im Gefolge des Markgrafen von Mantua nach Asti gekommen, vermutlich um den Kaiser zu porträtieren, der dort neue Truppen zum Kampf gegen Frankreich zusammenzog. Der am Schluß des Briefes genannte Aluise Anichin war Gemmenschneider und ein gelegentlicher Gast bei Tizian und bei Aretino:

»Herr Gevatter! Ich habe dem Signor Don Aluise d'Avila die Hand geküßt, und Seine Herrlichkeit hat mir gesagt, daß er Euer guter Freund sei und Euch dies zum Teil bald zu erkennen geben werde. Ebenso wollte ich auch dem Herrn Antonio da Leva (einem General des Kaisers) die Hand küssen, habe aber keine Zeit dazu gefunden, denn er kam hierher zum Kaiser und hat sich nicht über einen halben Tag aufgehalten, und es fand sich eine so große Menge von Herren ein, daß ich nicht dazu gelangte, ihm die Hand zu küssen; wenn ich mich aber wieder mit seiner Herrlichkeit zusammenfinde, werde ich meine Schuldigkeit tun, und wenn ich meine, Euch nützlich sein zu können, so werde ich keine Rücksicht nehmen. Und nichts weiter. Hier ist alles Trommelgewirbel, und alles beginnt mit Eifer gegen Frankreich aufzubrechen. Ich hoffe, bald wieder bei Euch zu sein, wo wir uns dann weiter unterhalten können. Ich küsse Eurer Herrlickeit und dem Herrn Aluise Anichin die Hand.

Ganz der Eurige
Euer Gevatter.«

Anichin war häufig zu vergnüglichen Abenden bei Aretino oder Tizian eingeladen, der ein Porträt von ihm malte. In einem seiner Briefe erwähnt Aretino eine von Anichin verfertigte Medaille. Er möge doch auch den Anichin mitbringen, schrieb Aretino in einer Einladung an Tizian. Zum Abendessen habe er übrigens ein paar »Fasane und die Signora Angela Zaffetta« anzubieten.

Solche Andeutungen auf Zusammenkünfte mit Kurtisanen verwendeten Aretinos Gegner gern als Hinweis auf den amoralischen Lebenswandel des Schriftstellers und angeblich wilde Orgien, die er mit Freunden feiere. Kurtisanen waren aber nicht nur Bettgenossinnen für ihre Freier, sondern auch gern gesehene Gäste bei festlichen Gelegenheiten oder privaten Soupers.

Einen Sommerabend bei Tizian, mit Aretino und dem Florentiner Geschichtsschreiber Nardi, beschrieb ausführlich und sehr eindrucksvoll der bekannte Latinist Priscianese, der einmal bei Tizian zu Gast war. Tizian war damals gerade aus seinem Haus bei San Samuele, im Zentrum Venedigs am Canal Grande, in den Nordosten der Stadt, in die Pfarrei San Canziano in Biri, umgezogen, weil ihm die lebhafte Marktgegend, in der er bisher gewohnt hatte, zu unruhig war. Er baute das neue, von ihm gekaufte Haus komfortabel aus und erweiterte den Garten nach der Wasserseite hin. Von dort aus hatte er einen freien Blick bis zur Glasbläser-Insel Murano, und in der Ferne konnte er sogar die Berge seiner Heimat, die Cadoriner Alpen, erkennen. Anders als in der Stadt, wo es wenig Grün gab, hatte er in seinem Garten Blumen, Pflanzen und große alte Bäume um sich und genoß mit Freunden nach der Arbeit die herrliche Umgebung. Sein Gast Priscianese war begeistert:

»Am ersten August war ich zur Feier eines sogenannten Bacchanalfestes, dem sogenannten »Ferrare Agosto« (ein Name, den ich trotz des Gesprächs, das während des Abends darüber geführt wurde, nicht zu erklären vermag), in dem schönen Garten Messer Tizian Vecellios eingeladen, des weltbekannten trefflichen Malers, der überdies ganz der Mann ist, durch sein feingebildetes Wesen jede gewählte Unterhaltung zu würzen. Gleich und gleich gesellt sich gern, und so waren denn noch einige der hervorragendsten Persönlichkeiten der Stadt bei ihm versammelt, von den Unsrigen in erster Reihe Pietro Aretino, dies neue Naturwunder, außerdem Messer Jacopo Tatti, genannt Sansovino, der ein ebenso großer Nachahmer der Natur mit dem Meißel ist wie unser Gastgeber mit

Pinsel und Farben, dann Jacopo Nardi und ich, so daß ich in so erleuchteter Reihe die vierte Stelle einnahm.

Ehe abends die Tische hinausgetragen wurden, da die Sonne vorher trotz des Schattens im Garten sehr empfindlich gewesen war, verbrachten wir einige Zeit in der Betrachtung der vorzüglichen Gemälde, die das Haus füllen, und unterhielten uns über den ganz reizend angelegten Garten, der unser aller Bewunderung erregte. Er liegt am äußersten Ende Venedigs am Strand der Lagune, und man sieht von dort die anmutige Insel Murano und andere freundliche Nachbarschaft. Gleich nach Sonnenuntergang wimmelte das angrenzende Gewässer von zahllosen Gondeln mit schönen Frauen darin, und bis tief in die Nacht hinein genossen wir die Klänge der Musik von Instrument und Kehle bei einem höchst appetitlichen Abendbrot.

Aber ich kehre zum Garten zurück. Er war so trefflich angelegt und wurde daher so vielfältig gepriesen, daß die Ähnlichkeit, die er mit S. Agata zu haben schien, meine Gedanken mit Sehnsucht nach Euch, liebste Freunde, erfüllte, und ich hatte den ganzen Abend über wirklich Mühe, mir klarzumachen, ob ich in Rom oder in Venedig sei. Indessen wurde das Abendbrot gebracht, das ebenso reich wie lecker zubereitet war. Zu delikaten Speisen und köstlichen Weinen gab es all die Genüsse und Freuden, die die Jahreszeit, die Gäste und die Natur des Festes boten.

Wir waren gerade beim Nachtisch, als Eure Briefe ankamen, und da infolge des Lobes der lateinischen Sprache die toskanische Tadel erfuhr, wurde Aretino ganz wild und hätte, wäre er nicht gehindert worden, sicher eine der greulichsten Schmähungen in die Welt geschleudert; denn er verlangte leidenschaftlich nach Tinte und Papier, obgleich er schon genug mit Worten gelästert hatte. Kurz, die Abendgesellschaft nahm ein höchst ergötzliches Ende.«

So also war ein »Bacchanal« bei Tizian verlaufen, ein Begriff, mit dem man gewöhnlich die Vorstellung von maßlosem Trinkgelage und sexuellen Ausschweifungen verbindet. Priscianeses schöne Beschreibung könnte einen Anstoß zu dem Gemälde gegeben haben, das Adolf Wichmann im Jahre 1865 schuf: *Pietro Aretino liest einer Gesellschaft im Garten Tizians zu Venedig aus seinen Werken vor.*

Adolf Wichmann, *Pietro Aretino liest einer Gesellschaft im Garten
Tizians zu Venedig aus seinen Werken vor*, 1865

Wie begeistert Aretino auch nach zehnjährigem Aufenthalt von der Lagunenstadt war und wie zufrieden er seine Wahl für diesen Wohnsitz beurteilte, kommt in einem Brief aus dem Jahre 1537 zum Ausdruck:

»Wer sie nicht gesehen hat, kennt die beiden Wunder des Erdkreises nicht. Wenn man in Rom mit übermütigen Sprüngen dem Glück nachjagt, geht in Venedig die Regierung ernst und mit gravitätischer Würde Schritt für Schritt vorwärts. Es läßt sich kein tollerer Anblick denken, als wenn man die sich entgegenarbeitende Verwirrung des römischen Hofes mit der ruhigen Einheit der Republik Venedig vergleicht. Man könnte sich vom Paradies vorstellen, wie es darin zugeht, ohne es gesehen zu haben, aber kein Mensch, der es nicht mit eigenen Augen sah, kann eine Vorstellung haben von den sich kreuzenden Wegen in Rom und von der großartig einfachen Straße, auf der man bei uns wandelt. Hier wie dort gibt es ungeheure ineinandergreifende Werke, aber während man dort mit gewaltigem Lärm weiterarbeitet, geschieht es hier unmerklich und still. Wer nach Venedig kommt, dem müssen alle anderen Städte wie elende Armenhäuser erscheinen. Neulich mußte ich über einen Florentiner lachen, als er eine prächtig geschmückte Gondel mit einem Hochzeitszug sah, und den Samt, das Gold und die Edelsteine, von denen die Braut starrte. Da rief er aus: ›Wir sind ein Lumpenpack dagegen!‹ und hatte nicht unrecht. Denn bei uns gehen die Frauen von Bäckern und Schustern so wie in anderen Städten kaum die Edelfrauen einher. Was man hier nur für Gesichter küßt, was für Fleisch man zu berühren bekommt! Hierher und nicht nach Zypern sollte das Reich der Venus und Amors verlegt werden, wo alle Tage Festtag ist und niemals Überdruß und Nachwehen hinterherkommen, wo keiner an das Ende der Dinge und an den Tod denkt und die Freiheit mit flatternden Fahnen einherzieht!«

Mit seinem Feldzug für die lebende, volksnahe Sprache und gegen die »Pedanten«, die Befürworter der akademischen Gelehrsamkeit, meinte Aretino es selbst bei geselligen Zusammenkünften sehr ernst. Nicht verstaubte Bücher, sondern die frische Natur solle die Lehrmeisterin der Maler sowie der Dichter sein. Jedes Kunstwerk solle an seiner sinnlichen Wirksamkeit gemessen werden. Der vorzüglichste Maler sei der, der die Natur am vollkommensten nachahme. Und da Tizian, nach Aretinos Ansicht, mit den Mitteln der Farbe am besten die malerische Illusion herzustellen wußte, rangierte er in Aretinos Künstlerskala vor Raffael und vor Michelangelo.

Was für die bildnerische Kunst galt, sollte auch in der Dichtkunst gelten. Ein Dichter sollte nicht aus irgendeiner Überlieferung, sondern aus sich selbst heraus schaffen. In einem Brief an Lodovico Dolce faßte Aretino seine Auffassung von Kunst und Literatur bild- und wortreich zusammen:

»Wandelt immer auf den Wegen, die die Natur Euerm Streben weist, wenn Ihr wollt, daß Eure Schriften sogar von dem Papier, auf das ihr sie schreibt, bewundert werden, und spottet der hungrigen Wortjäger, denn zwischen Nachahmen und Plagiieren besteht ein großer Unterschied. Heutzutage hört man wieder allerlei alten Wortkram; damit macht man sich aber ebenso lächerlich wie ein Kavalier, der sich in einem Wams mit lauter großen Klunkern und mit einem tellerförmigen Barett sehen ließe. Man würde ihn für verrückt oder für maskiert halten. Und doch kleideten sich früher einmal Herzog Borso von Ferrara und der Condottiere Bartolommeo Colleoni so. Was für einen Wert haben schöne Farben denn auch, wenn man damit nur Schnörkel ohne Zeichnung malt? Wert bekommen sie doch erst, wenn sie ein Michelangelo mit seinem Pinsel aufträgt, ein Mann, der die Natur und die Kunst so tief erschüttert hat, daß sie selbst nicht mehr wissen, wer von ihnen beiden Schülerin oder Meisterin ist. Um ein guter Maler zu sein, muß man noch etwas anderes können als ein Stück Samt oder eine Gürtelschnalle abmalen …«

Nach diesem Ausflug in das Gebiet, auf dem er sich als junger Mann erhofft hatte, erste Sporen verdienen zu können, wendet Aretino sich in beschwörendem Predigerton der Literatur zu:

»Ich will es Euch nur sagen: Die wahren Nachahmer von Petrarca und Boccaccio sind die, die ihre eigenen Eindrücke mit der Holdseligkeit und Grazie ausdrücken, wie es Petrarca und Boccaccio taten, nicht aber die, die alten Schnickschnack und antiquierte Worte vorbringen und sogar ganze Verse stehlen. Oh, ihr Irrläufer, ich sage Euch und wiederhole Euch, daß die Poesie eine Grille der Natur in ihrem Jubel ist, daß sie auf der eigenen Inspiration beruht und daß, wenn es daran fehlt, aller poetischer Gesang zu einem Tamburin ohne Schellen und einem Glockenturm ohne Glocken wird. Wer singen will und dazu nicht schon von den Windeln auf begnadet ist, bleibt ein lauer Tropf. Und wer's nicht glaubt, mag es an einem Beispiel lernen: die Alchimisten haben mit unendlicher Mühe die Kunst ihrer geduldigen Habgier ausgedacht und doch nie Gold geschaffen, nur Scheingold; von der Natur aber wird es ohne die geringste Anstrengung klar und rein geboren. Darum folgt mir, wenn ich es mit jenem weisen Maler halte, der, als man ihn fragte, wen er nachahme, auf eine Gruppe von Leuten zeigte, womit er sagen wollte, daß er nach dem Leben und nach der Wirklichkeit arbeite; gerade so wie ich es mache, wenn ich schreibe und spreche. Die einfache Natur selbst, deren Sekretär ich bin, diktiert mir, was ich schreibe, und mein Vaterland löst mir die Zunge, wenn die abergläubische Ehrfurcht vor fremdartiger Rede sie binden möchte. Laßt doch die Sudler ihren alten Kohl aufwärmen und mit Behagen essen. Ihr aber haltet Euch an das saftige Fleisch und laßt die Haut den Pelikanen, die da stehen und mit ihrem leeren Diebsgehirn um einen Kreuzer Berühmtheit betteln. Ich ahme mich selbst nach, das ist gewiß. Denn die Natur ist eine reiche Gefährtin, die sich dir nackend gibt, die Kunst aber ist eine schmarotzende Laus, die sich ansaugen muß. Darum bemüht Euch, den Sinn herauszumeißeln und nicht, Worte auszumalen!«

Beharrlich blieb Aretino bei seiner Meinung, daß die Humanisten ihm zwar die philologische Bildung voraus hätten, aber keine lebendige Dichtung zu schreiben verstünden. Er lache über die Pedanten, schrieb er an Dolce, die behaupteten, die ganze Bildung beruhe nur auf der griechischen und der lateinischen Sprache, und jemand, der diese nicht verstehe, könne überhaupt nicht mitreden. Eine lange persönliche Erfahrung mit Menschen lehre mehr als alle Bücher. »Wieviel besser wäre es«, schrieb er, »wenn die großen Herren sich freier gäben und wohlmeinende Personen in ihrem Haus hätten, statt sich mit der fuchsischen Bescheidenheit der Pedanten einzulassen, dieser Esel von anderer Leute Büchern, die, nachdem sie die Toten zu Tode gehetzt und ausgeplündert haben, nicht ruhen, bis sie auch noch die Lebenden ans Kreuz bringen ...«

Wie sich in den zitierten Briefen Aretinos zeigt, war deren Verfasser ein außergewöhnlich vitaler Literaturproduzent auf vielen Gebieten. Nach seiner Fähigkeit, schnell und oft scharfsinnig die Menschen und Geschehnisse seiner Zeit zu schildern und auch nach der Art, wie Aretino sich der Druckerkunst zu bedienen wußte, kann man ihn, wie Alfred Semerau meinte, »mit gutem Grund den ersten und auch den fähigsten Journalisten des sechzehnten Jahrhunderts« nennen. Seine Briefe seien »knappste Zeitungsartikel und oft Leitartikel von höchster Bedeutung«, die er in die weiteste Öffentlichkeit schickte.

Gleichzeitig offenbaren viele Briefe aber auch persönliche Empfindungen des Verfassers, die mit seiner schriftstellerischen Tätigkeit wenig oder nichts zu tun haben. Vor allem die Briefe, die seine Liebschaften oder seine beiden Töchter betreffen, enthüllen Gefühle, die in Aretinos sonstigen Veröffentlichungen nicht auftauchen. In diesen Briefen wirkt der selbstbewußte Satiriker manchmal fast hilflos, als entblöße er einen wunden Punkt. Besonders emotional reagierte Aretino allerdings auch auf einen speziellen Brief, der sein Selbstwertgefühl noch einmal in schwindelnde Höhen führte.

Im Oktober 1550 war Tizian vom Kaiser nach Augsburg eingeladen worden und hatte einen Brief Aretinos an Karl V. mitgenommen, in dem der Schriftsteller untertänigst ein nicht näher bezeichnetes Gesuch an den Kaiser richtete. Am 11. November schickte Tizian einen Brief an

Aretino, der diesen in Hochstimmung versetzte. Das Wort, das im Brief vorsichtigerweise ausgespart wurde, weil die Angelegenheit noch geheim bleiben sollte, war aller Wahrscheinlichkeit nach »Kardinal«:

»Signor Pietro, verehrter Gevatter! Ich habe Euch durch M. Enea geschrieben, daß ich Eure Briefe an meinem Herzen trüge, indem ich die Gelegenheit erwarte, sie Seiner Majestät zu geben. Am vergangenen Tage wurde ich zu Seiner Majestät gerufen, und nach meinen pflichtgemäßen Ergebenheitsbezeigungen sowie nach dem Betrachten der Gemälde, die ich ihm gebracht hatte, fragte er mich nach Euch und ob ich Euren Brief hätte. Ich bejahte diese Frage und gab ihm denselben, den Ihr mir mitgegeben habt. Und der Kaiser, nachdem er ihn für sich gelesen, las ihn darauf so vor, daß ihn der Sohn seiner Hoheit, der Herzog von Alva, Don Luigi d' Avila und die übrigen Herren der Umgebung hörten. Aber da ich in besagtem Briefe genannt war, fragte er, was ich von ihm wollte. Worauf ich erwiderte, daß man in Venedig, in Rom und in ganz Italien es in der Öffentlichkeit für bestimmt halte, daß Seine Heiligkeit gute Absichten hegte, Euch zum – – – zu machen. Dabei ließ der Kaiser ein Zeichen von Freude in seinem Antlitz erblicken, indem er sagte, daß es ihm sehr angenehm sein würde und er auch nicht verfehlen werde, Euch zu Gefallen zu sein, wobei er noch in bezug auf Euch wichtige und ehrende Worte hinzufügte.

(…) Der Herzog von Alva läßt keinen Tag vorübergehen, ohne mit mir von dem göttlichen Aretino zu sprechen. Denn er liebt Euch sehr und sagt, er wolle Euer Agent bei Seiner Majestät sein. Ich habe ihm erzählt, daß Ihr eine Welt verschenken könntet, daß das, was Euer ist, allen gehört, daß Ihr den Armen sogar von den Kleidern Eures Leibes mitteilt, und daß Ihr der Stolz Italiens seid, wie es denn auch wahr ist und jeder es weiß.«

Über diesen Brief seines Freundes Tizian war Aretino offensichtlich außer sich vor Stolz. Begeistert wiederholte er in seinem Antwortschreiben Tizians Bericht, sicherlich, um ihn nochmals zu genießen, aber ebenso sicher wohl auch im Hinblick darauf, seine Briefe eines Tages zu veröffentlichen und damit seinem Ansehen die Krone aufzusetzen:

»Verehrter Gevatter! Der Brief vom vierten dieses Monats, den mir M. Enea überbracht hat, war mir lieb, weil er den Zweifel, der mich in bezug auf Eure glückliche Ankunft in Augsburg gefangenhielt, in Gewißheit verwandelte. Der andere aber, vom elften, den ich danach erhielt, hat mich in die größte Freude versetzt. Wer aber sollte auch nicht im innersten Herzen erfreut sein, der da hört, mit wie liebevoller Huld und Gnade der Kaiser, sobald er Euch erblickte, fragte, wie ich mich befände und ob Ihr ihm Briefe von mir brächtet? Und wie er Euch sodann, nachdem er, was ich ihm demütig geschrieben, erst leise und dann laut gelesen, sagte, daß er mir nicht bloß beim Papste jeden guten Dienst erweisen wolle, sondern daß er auch sehr bald auf meinen Brief antworten würde, – und all dies sagte er in Gegenwart Seiner Hoheit, Philipps von Spanien, des Herzogs Alva und des d'Avila zu meiner größten Ehre, wofür ich Gott auf das innigste Dank sage! Denn von ihm fließen diese Wohltaten, nicht von der Tugend, die in mir ist oder gesehen wird! Euch aber, göttlicher Mann! sage ich nichts weiter, denn da wir beide nur einer sind, ist alles Danksagen überflüssig!«

Mit fünfundvierzig Jahren wurde Aretino zum ersten Mal Vater: Seine Geliebte Caterina Sandella gebar ihm eine Tochter, die er Adria nannte. Gerührt schrieb er an seinen Freund Sebastiano del Piombo:

»Gott wollte, daß das kleine Geschöpf ein Mädchen wäre, anstatt des Knaben, den ich nach der Gewohnheit der Väter erwartete. Als ob die Mädchen, abgesehen von unserer Angst um ihre Ehrbarkeit, uns nicht weit mehr Freude machten. Ist ein Junge erst zwölf oder dreizehn Jahre alt, so beginnt er die väterlichen Zügel zu zerreißen. Und ist er gar erst der Zucht der Schule entwachsen, so bildet er einen Grund zu steter Sorge für den, der ihn erzeugte und für die, die ihn gebar. Noch schlimmer sind die Schlechtigkeiten und Drohungen, womit sie bei Tag und bei Nacht den Vätern und Müttern zur Last fallen. Das Mädchen aber ist der Trost der weißen Haare des Vaters, und es vergeht keine Stunde, in der die Eltern keine Freude an ihrem Liebreiz hätten. Darum hatte ich kaum die Ähnlichkeit meines Fleisches und Blutes mit mir erkannt, als alles Mißbehagen schwand, das andere Väter sonst bei der Geburt eines Mädchens empfinden, und mich übermannte die Rührung eines natürlichen Gefühls angesichts des süßen Anblicks meines Blutes. Doch die Angst, daß sie sterben könnte, ohne das Leben zu kosten, war der Grund dafür, daß ich sie daheim taufen ließ; darum hielt sie ein edler Herr an Eurer Stelle nach christlichem Brauch über das Taufbecken. Ich schrieb Euch nicht eher darüber, weil wir von Stunde zu Stunde befürchteten, daß sie uns ins Paradies entflöge. Doch Gott hat sie mir erhalten zur Kurzweil für mein späteres Alter und zum Zeugnis für das Dasein, das ein Anderer mir und das ich ihr gab. Dafür danke ich ihm mit der Bitte, daß er mich am Leben erhalte, bis ich ihre Hochzeit feiern kann. Inzwischen werde ich ihr wohl als Spielzeug dienen, denn wir sind ja die Narren unserer Kinder. Sie trampeln in ihrer Unschuld auf uns herum, zausen uns am Bart, patschen uns ins Gesicht, ziehen uns an den Haaren, wofür sie uns Küsse verkaufen, bei denen wir sie vor lauter Liebe auffressen möchten. Es gibt keine größere Freude als diese, wenn nur die Furcht vor irgendeinem Unglück uns nicht fortwährend ängstigen würde. Jedes Tränchen, das sie vergießen, jeder Schrei, jeder Seufzer, den sie ausstoßen, erschüttert uns die Seele. Es fällt kein Laub vom Baum, es wirbelt kein Haar in der Luft, das wir nicht gleich für tödliches Blei hielten, welches auf ihr Haupt niedersaust. Und wenn die Natur ihren Schlaf unterbricht oder ihren Durst gestillt hat, sorgen wir uns sofort um ihre Gesundheit, so daß die Süßigkeit reichlich mit Bitternis gemischt ist. Je reizender sie sind, desto größer ist die Furcht sie zu verlieren. Gott schütze mir mein Töchterchen. Adria ist ihr Name. So mußte ich sie wohl nennen, denn im Schoß ihrer Wogen wurde sie durch Gottes Willen geboren.«

Einen merkwürdigen Brief schreibt Aretino am 25. Juni 1538 an den Bildhauer Simone Bianco. In beschaulicher Breite malt er das Leben eines alleinstehenden Mannes als sein eigenes Wunschbild aus:

»Mir, der ich selbst mit einem halben Herzog nicht tauschen möchte, ist tausendmal der Wunsch gekommen, Ihr zu sein. Und dies nicht bloß, weil ich Euch als braven Menschen, als guten Bildhauer und sehr guten Freund kenne, sondern weil Ihr es versteht, auf der Welt zu sein, ohne daß es scheint, daß Ihr da wäret, und weil Ihr die Kunst besitzt, Euch lustig zu machen über die, denen es besser, wie über die, denen es schlechter geht als Euch. Und indem Ihr ein sorgloses Leben führt, meidet Ihr die Gesellschaft im Hause und sucht sie draußen, so daß Ihr sowohl ein heimlicher Einsiedler als auch ein Mann der Öffentlichkeit seid. Welche Freude, welche Glückseligkeit, welcher Ruhm reicht an den, Euch nachahmen zu können und zu wollen? Ach, unsereiner vergeudet sein Leben, verschleudert sein Geld und verliert die Geduld über die Eseleien seiner Diener. Ihr dagegen kehrt abends in Euer Heim zurück in völliger Angemessenheit an den Zustand, den Ihr zu wählen verstandet, weil Ihr das Gebrumme der Weiber verabscheut, die mit ihrem Groll ebensowenig den verschonen, der zeitig nach Hause kommt wie denjenigen, der spät heimkehrt. Und wenn die von der Asche bedeckten Kohlen noch nicht erloschen sind, so genügt ein Viertel von einem Schwefelfaden, um Licht zu machen. Ist aber das Feuer erloschen, so ruft Ihr einfach die Nachbarin, und sie reicht Euch durchs Fenster ein kleines Stück glimmendes Holz oder ein wenig Holzkohle auf der Schaufel. So zündet Ihr ein Reisigbündel an und scheint ein sorgloser Abt am wärmenden Ofen, und indem ihr ein Liedchen anstimmt, laßt Ihr den Appetit herbeikommen, und sobald der da ist, geht Ihr zum Herd und verspeist den Salat, den Ihr gewürzt und die Würstchen, die Ihr gebraten habt, mit dem gesunden Appetit eines Fischers, und Ihr trinkt Euren Becher, ohne zu fürchten, daß eine liederliche Magd oder ein spitzbübischer Diener hinter Eurem Rücken Grimassen schneidet.

Dann wendet Ihr Euch wieder zum Feuer und betrachtet Euren Schatten, der sich setzt, sobald Ihr Euch setzt und aufsteht, wann Ihr aufsteht und so Eurer Herrlichkeit die gebührenden Ehren erweist. Diese Eure Herrlichkeit plaudert nun ein wenig mit der Katze, und sie verspeist ihr Abendbrot, wobei sie die Geschichten von anderer Leute Torheiten liest. Und wenn der Schlaf Euch ankommt, so sagt Ihr zu Euch selbst gute Nacht und werft Euch aufs Bett, das Ihr kaum zweimal im Monat Euch selbst gemacht habt, und indem Ihr nun das Ave Maria, das Pater Noster hersagt und das Zeichen des Kreuzes macht (weitere Psalmen sind nicht nötig, denn wer keine Familie hat, begeht keine Sünden), drückt Ihr den Kopf in Euer Kissen und schlaft so gesunden Schlaf, daß kein Donnerwetter Euch aufzuwecken vermöchte. Des Morgens steht Ihr auf, und indem Ihr Euch an Eurer erbaulichen Kunst vergnügt, wartet Ihr, bis eine Frittata oder eine Karbonade mitsamt einem guten Trunk Euch von der Arbeit wegrufen. Ihr eßt, um zu leben und lebt nicht, um zu essen. Ihr geht spazieren, wenn es Euch beliebt, leistet Euch für billiges Geld ein bißchen Hühnerleber oder Kalbshirn. Ihr kauft ein wenig Fisch ein und frische Eier, wie sie die Bauern zum Markt bringen. Man heiligt die Ostern und feiert die Feste mit seinem Kapaun oder mit seinen Hähnchen und läßt es zu Allerheiligen auch an einer Gans nicht fehlen. Man kehrt nie in ein Gasthaus ein, ohne einen Rettich in der Hand oder ohne Salatblätter im Sacktuch, und man zieht singend seines Weges. Zur Sommerzeit geht Ihr mit Euren Pflaumen, mit einer Handvoll Feigen, mit zwei Trauben Muskateller, und nachdem Ihr noch den Einkauf einer Melone mit wenig Blättern und von schwerem Gewicht riskiert habt, kehrt Ihr mit all den Herrlichkeiten heim, und während das frische Wasser auf dem Tische blinkt, stellt Ihr in den Eimer die volle Karaffe zum Kühlen hinein, fahrt dann mit der Nase und dem Messer zugleich auf die Melone los, und ist sie saftig und zuckersüß, dann habt Ihr ein päpstliches Vergnügen. Habt Ihr zwei Scheiben davon gegessen, dann trinkt Ihr einen Schluck Wein dazu, der Euch bis in die Knochen rieselt, und Ihr verachtet die Höfe, an denen es reichlich trockenes Fleisch oder Käse zu essen gibt, und Ihr nennt denjenigen einen Narren, der anders lebt als Ihr. Denn es ist Sache der Faulenzer, die Kehle zu einem Paradies der Speisen und den Körper zu einem Koffer für das Fleisch zu machen.

Ja, wahrhaftig, mir kommt die Lust zu schlafen, wenn ich mir vorstelle, wie Ihr Euch gemütlich in den Sessel lehnt und mit dem Kopf auf der Brust die Kleinigkeit von einem Viertelstündchen schlummert. Dann steht Ihr auf, macht ein Bündel aus Eurer schmutzigen Wäsche und übergebt sie der, die Euch das Licht anzündet. Sie macht Feuer, ohne über das Holz und die Seife zu fluchen, die beim Waschen verbraucht werden.

Man könnte mir, während ich die Einsamkeit Eures Lebens preise, den Einwand machen: Und was ist, wenn er krank wird, von anderem Unglück ganz zu schweigen? Das wollen wir der Güte Gottes und dem Willen Christi überlassen, denn sein Mitleid verläßt niemanden und seine Gnade verleiht Euch Gesundheit, gerade indem Ihr Euch mit einem schönen Marmorblock abmüht, den

Ihr in Köpfe verwandelt, ähnlich denen, die man dem König von Frankreich schenkte. Und wenn Euch die Wollust packt, so zügelt sie mit Meißel und Hammer. Bringt sie Euch dennoch in Versuchung und läßt sie sich nichts anhaben, so laßt sie ruhig austoben ... Auch kann man sich gegen ihre Launen schützen, wenn man zweimal zwischen dem Markusplatz und dem Rialto hin- und hergeht und dabei über den Waffenstillstand nachdenkt, der in Nizza zustande gekommen ist und über das Konzil, das in Vicenza nicht zustande gekommen ist. –

Gehen wir nun von so vielen Eurer Annehmlichkeiten zu einer von meinen Verdrießlichkeiten über. Und weil sie sich nicht alle aufzählen ließen, will ich nicht davon reden, daß man mich in der Fama ans Kreuz schlägt, mich bei meinen Rechnungen betrügt, mich bei meinen Ausgaben bestiehlt, mir meine Kasse ausraubt und so weiter. Das alles sind Lappalien. Nur den grausamen Betrug des Ambrogio will ich erwähnen [den mit einer »Aretinerin« verheirateten Diener Aretinos, der das für seinen Herrn bestimmte Geld im Haus des Kardinals Gaddi verspielte]. Ich bin überzeugt, dazu hat ihn nichts anderes bewogen als der Hochmut, der gerade solchen Leuten eigen ist. Denn in ihrer Arroganz halten sie sich vermöge ihrer geringen Intelligenz für würdiger zu befehlen als zu gehorchen. Allerdings glaube ich mich an ihm im voraus gerächt zu haben durch die Qual eines Weibes, das ich ihn habe nehmen lassen. Es tut mir nur leid, daß ich ihm nicht noch ein zweites aufhalsen kann, mit dem er tagaus, tagein vom Fegefeuer zur Hölle und von der Hölle zum Fegefeuer wandern müßte.«

Daß Aretino die vorgestellte Idylle eines Alleinlebenden wirklich als ideal empfand, war bei seinem Temperament eher unwahrscheinlich. Vermutlich sehnte er sich manchmal nach etwas Stille, weil in seinem Haus und in ihm selbst sehr viel Unruhe herrschte. Gleichzeitig bot das Thema ihm die Gelegenheit, den ihm ungewohnten Typ des Biedermannes literarisch zu verwerten.

ARETINO UND DIE FRAUEN

Über Aretinos Beziehungen zu Frauen gibt es weitaus mehr
Gerüchte als belegbare Tatsachen. In fingierten Biographien
und in Schmähschriften seiner Gegner wurde ihm ein tur-
bulentes, wahlloses Triebleben zugeschrieben. Aus seinem
privaten Briefwechsel geht dies allerdings nicht eindeutig
hervor. Obgleich die Geißel der Fürsten gern auch als
Freund der Frauen apostrophiert wurde und seine *Kurtisanengespräche* diesen Schluß nahelegen, kann man aus Aretinos privaten Äußerungen eher den Eindruck gewinnen,
daß Frauen als Partnerinnen in seinem Leben keine beherr-
schende Rolle gespielt haben. Gemessen an einer Figur wie
beispielsweise Casanova ist Aretino sogar ausgesprochen
bescheiden in seinen Beziehungen zur Weiblichkeit gewesen, jedenfalls wenn man nach den Zeugnissen urteilt, die
von ihm selbst darüber vorliegen.

Zuallererst wird Aretino natürlich mit Kurtisanen oder
Dirnen in Verbindung gebracht. Ein Mann, der so genau
über das Gunstgewerbe Bescheid zu wissen schien, daß er
Hunderte von Seiten mit Gesprächen darüber aufzeichnete
– auch wenn die meisten seiner Phantasie entsprungen sein
mochten –, mußte doch wohl, so nahm man an, enge Beziehungen zu Dirnen wie zu Kurtisanen unterhalten haben.

Auch wenn Kurtisanen und Straßendirnen die gleiche
Tätigkeit ausübten, bestanden doch zwischen ihnen große
Unterschiede, die sich bereits in der Kleidung äußerten.
Während die Dirnen im allgemeinen wie Frauen aus dem
einfachen Volk gekleidet waren, entsprach die äußere Auf-

machung der Kurtisanen oft derjenigen der Edeldamen. Zu Aretinos Zeit trugen venezianische Dirnen meist eine mit Baumwolle gefütterte und mit breiten Fransen verzierte Tuchjacke und als Schmuck ein Armband aus Silberreifen; die Kurtisanen dagegen Seidenkleider, die mit reichen Borten besetzt und dekolletiert waren, dazu eine Schleppe. Goldene Kettchen und Gürtel sowie perlenbesetzte Schnüre vervollkommneten die elegante Ausstattung.

Ob ein Straßenmädchen eine Dirne blieb oder eine Kurtisane wurde, die Edelleute, Künstler und Gelehrte um sich scharte, hing, wie aus Nannas Belehrungen in Aretinos *Kurtisanengesprächen* hervorgeht, nicht nur von einem ansehnlichen Äußeren, sondern ganz entscheidend davon ab, ob sie sich in ihrem Umgang mit Männern den Anschein einer kultivierten Dame geben konnte.

Zeitweise waren die Kurtisanen und Dirnen in Venedig so zahlreich, daß man ihnen, wie venezianische Bürger kritisierten, auf Schritt und Tritt begegnete, und viele von ihnen sollen so vornehm gekleidet gewesen sein, daß man sie weder als Fremder noch als Einheimischer von Edeldamen habe unterscheiden können. Deshalb wurde in Venedig per Dekret vom 21. Februar 1543 unter Androhung von harten Strafen angeordnet, daß keine Dirne Gold, Silber oder Seide an sich tragen dürfe; nur die Hauben dürften aus Seide sein. Schweren Herzens mußten die Kurtisanen, jedenfalls auf der Straße, wo sie oft ihre Freier kennenlernten, auf ihren Schmuck verzichten. In der eigenen Wohnung oder gar im eigenen Haus, wo sie die Kavaliere empfingen, konnten sie sich dann wieder nach Belieben schmücken.

Für interessierte Kunden, vor allem für fremde Gäste, war in Venedig zeitweise ein gedruckter *Hurentarif* in Umlauf, dem zu entnehmen war, welche unterschiedlichen Preise die Damen jeweils für ihren Liebesdienst veranschlagten. Vom geforderten Preis konnte die Wertschätzung der einzelnen Kurtisanen abgelesen werden. Ein Besuch ko-

stete etwa zwischen zwei und sechs Scudi; einige wenige
Damen verlangten sogar zehn oder fünfzehn Scudi. Von
den damals namentlich und mit Wohnungsangabe aufge-
zählten zweihundertzehn venezianischen Kurtisanen nahm
eine gewisse Livia Azzalina offenbar eine Sonderstellung
ein: Eine Liebesnacht mit ihr schlug mit fünfundzwanzig
Scudi zu Buche.

Eine erfolgreiche Kurtisane, so berichteten Zeitgenossen,
hatte etwa sechs oder sieben Männer, meist Edelleute, als
ständige Geliebte. Jedem dieser Herren war pro Woche eine
Nacht reserviert, in der er bei der Kurtisane zu Abend aß
und schlief. Über den Ablauf des Tages durfte sie allein verfügen und beliebig viele Freier empfangen.

Wenn nun ein Fremder mit ihr eine Nacht verbringen
wollte, die eigentlich einem Stammkunden reserviert war,
informierte sie diesen, daß sie zwar die Nachtstunden an-
derweitig vergeben wolle, dem Stammklienten aber zur
Entschädigung die Tagesstunden zur Verfügung stellen
würde. Diese Regelung funktionierte im allgemeinen gut;
meist wurden sogar Verträge für einen Monat abgeschlos-
sen, die, neben der Honorarfrage, auch die Tag- und Nacht-
stundenvergabe klärten.

Eine sehr begehrte Kurtisane, mit der Aretino auf freund-
schaftlichstem Fuße stand, war Angela del Moro, genannt
»la Zaffetta«, weil sie die Tochter eines Polizisten war
(»zaffo« war der venezianische Ausdruck für einen Polizisten). Aretino lud sie, wie aus einem Brief an Tizian hervorgeht, gelegentlich zum Abendessen in sein Haus ein. Im venezianischen *Hurenführer* des Jahres 1535 stand ihr Name an
dritter Stelle.

Diese hervorragende Position bewahrte sie allerdings
nicht davor, dem brutalen »Trentuno« unterworfen zu werden, den ein eifersüchtiger Liebhaber ihr zufügen ließ.
Während andere Kurtisanen sich von dieser Gewalttat nur
mühsam erholten und darüber hinaus ihr Ruf auch noch

stark beeinträchtigt wurde, ging Angela Zaffetta mit verachtungsvollem Stolz aus diesem sexuellen Überfall von einunddreißig Männern hervor, und die Zahl ihrer Verehrer – unter ihnen der elegante und großzügige Kardinal Ippolito de'Medici – stieg sogar noch an.

In einem berüchtigten Gedicht über Angelas Demütigung schrieb Lorenzo Veniero, es sei gar kein »üblicher Trentuno«, sondern ein »trentuno reale«, eine Vergewaltigung durch neunundsiebzig Männer gewesen. Diese Behauptung galt aber allgemein als Erfindung Venieros, der von Angela einmal abgewiesen wurde. Auch Aretino scheint dieser Ansicht gewesen zu sein. Nüchtern stellte er fest, daß Veniero ihm an Boshaftigkeit immer »vier Tage voraus« sei.

Angela Zaffetta war schon als sehr junges Mädchen Dirne geworden. Aber noch mit über dreißig Jahren habe sie sich, so hieß es, ihre starke Anziehungskraft bewahrt. In einem Brief lobte Aretino ihre Anmut und ihre Intelligenz. Durch Klugheit und Taktgefühl habe sie sich »Lob errungen und Reichtümer erworben«. Besser als jede andere verstehe sie es, »das Gesicht der Lüsternheit hinter der Maske der Ehrbarkeit« zu verbergen, und werde von Künstlern und adeligen Herren sehr begehrt und bewundert.

In seinen *Kurtisanengesprächen* hat Aretino der Zaffetta ein kleines literarisches Denkmal gesetzt. Einem dicken, lüsternen Mönch will die Gevatterin eine Dirne zuführen, die den Zenith ihrer Laufbahn schon erheblich überschritten hat. Während der Mönch auf die angekündigte Schönheit wartet, liest er der Kupplerin einige Texte aus einem Liederbuch vor und amüsiert sich köstlich darüber. Unter anderem rezitiert er »ein schrecklich schönes Gedicht, das zum Lob einer gewissen Signora Zaffetta verfaßt worden ist und das ich selber manchmal vor mich hinsumme, wenn ich nichts Besseres zu tun habe oder wenn mich Kummer und Sorgen plagen«, sagt die Gevatterin:

»Wißt ihr, was in der Hölle Schlund
Die armen Seelen zwackt und quält?
Nicht, daß die Himmelswonne ihnen fehlt,
Macht naß ihr Aug' und trocken ihren Mund.
Nur daß sie Angela nicht mehr erblicken,
An ihrer Lieblichkeit nicht mehr sich weiden,
Das ist ihr Höllenschmerz, ihr Höllenleiden.
Doch sahen sie das Engelsangesicht,
Die Holdgestalt der schönen Angela –
Sie fühlten sich der Gnadensonne nah
Und tauschten mit dem Paradiese nicht.«

»Oh, wie schön, wie trefflich, wie galant!« ruft die Amme begeistert. »Wahrhaftig, die Frau, auf die dies Gedicht gemacht wurde, die kann sich was einbilden! …« – »Der Mönch las es dreimal hintereinander«, sagt die Gevatterin respektvoll und erweist damit sowohl der besungenen Dame als auch dem begabten Dichter ihre Reverenz.

Während Aretino den Kurtisanen, denen er nahestand, seine sinnlichen Bedürfnisse anvertraute, hatte er zu Damen der gehobenen Gesellschaft eher schöngeistige Beziehungen. Zu seinen Briefpartnerinnen gehörten die beiden Dichterinnen Vittoria Colonna und Veronica Gambara.

Vittoria Colonna, berühmt durch ihre schmerzvollen Gedichte zum Tod ihres frühverstorbenen Mannes, aber auch durch ihre brieflich dokumentierte Freundschaft mit Michelangelo, war 1492 in Marino, am Fuß der Albaner Berge, geboren. Ihre Mutter war die am kultivierten Hof von Urbino erzogene Agnesina von Montefeltre, ihr Vater der Condottiere Fabrizio Colonna, der seine kriegerischen Dienste, wie bei Söldnerführern üblich, an den jeweils meistbietenden Herrn verkaufte.

Bereits mit drei Jahren wurde Vittoria dem zwei Jahre älteren Ferrante Francesco d' Avalos, dem späteren Marchese von Pescara, zur Frau versprochen; 1509 wurde in Neapel die Hochzeit der beiden vollzogen. Als erfolgreicher Feldherr Karls V. war der junge Pescara häufig von seiner Frau getrennt. 1525 starb der erst Fünfunddreißigjährige angeblich an den Folgen einer Verwundung, wahrscheinlich aber aus Rache dafür, daß er sich auf die Seite des Kaisers geschlagen hatte. Seinen Tod verwand seine Witwe Vittoria nie, die Gedichte der mystisch-religiösen Lyrikerin kreisten immer wieder um Themen wie Schmerz und Hoffnung, wie in der Umdichtung von Hans Mühlestein einige ihrer Verse lauten:

> »O, wann wird meine Seele sich erheben
> In die Region, wohin sich nur mein Denken schwingt,
> So hoch, daß es, was es empfängt, nicht wiederbringt
> Aus seinem erdenschweren Niederschweben!
> Nur düstre Schatten kann ich schwächlich malen
> Von der lebendigen Sonne. Ewige Dinge
> Sprech' ich mit rauher und zerbrochner Stimme ...«

Es erstaunt, daß eine so ernsthafte, oft melancholische Frau mit einem leichtsinnigen Lebemann und Zyniker wie Aretino korrespondierte. Vielleicht glaubte sie, den freizügigen Kurtisanenfreund auf den Pfad der Tugend bringen zu können. Als ihr der päpstliche Datar Giberti, damals in freundlichem Einvernehmen mit Aretino, im Mai 1524 zwei Gedichte Aretinos schickte, wovon das eine zum Lob des Datars, das andere zum Lob Vittorias verfaßt war, schrieb sie wohlwollend an Giberti: »Unser Messer Pietro hat ein zweifaches hohes Ziel erreicht. Er hat seinen Vers gehoben, indem er ihn fähig gemacht hat, Euer großes Verdienst zu preisen, und er hat ihn, indem er mein geringes veredelt, nicht herabgezogen und so dem ersten Madrigal von seiner Schönheit nichts genommen.«

Nicht immer war Vittoria Colonna ganz einverstanden mit dem, was Aretino schrieb und mahnte ihn, mehr religiöse als weltliche Werke zu schreiben:

»Ich weiß nicht, soll ich Euch loben oder tadeln wegen des Buches, das Ihr mir geschickt habt. Loben muß ich Euch, weil die Schöpfung es wirklich verdient und tadeln, weil Ihr ein so gutes Talent in den Dienst anderer Dinge als derjenigen Christi stellt und Euch damit Gott weniger angenehm und der Welt weniger nützlich erweist. Der mir das Buch überbrachte, hat sich vor mir nicht wieder sehen lassen, und da ich immer auf ihn wartete, hat sich die Antwort verzögert.«

Bevor Aretino mit leicht ironischem Unterton sogar Jesus zur Durchsetzung einer finanziellen Forderung bemüht, erklärt er, warum er gezwungen sei, seine Tage und Nächte »flüchtigen Dingen« zu widmen:

»… Was ist der Grund dafür? Die Sinnlichkeit der anderen und meine Armut. Wären die Fürsten so fromm wie ich bedürftig bin, dann würde meine Feder nur lauter Miserere niederschreiben. Verehrteste Madonna, nicht allen Menschen auf der Welt wurde die Inspiration der göttlichen Gnade zuteil. Die meisten verzehrt das Feuer der Begierde. Ihr jedoch seid nur von engelhaftem Feuer entflammt. Für unsereinen sind Musik und Komödien das, was für Euch Gebete und Predigten sind. Seht, ich habe einen Freund namens Bruccioli, der seine Bibel dem christlichsten König widmete. Nach fünf Jahren hatte er immer noch keine Antwort. Meine Komödie *Die Kurtisane* trug mir dagegen von demselben König eine kostbare Kette ein. So könnte meine Kurtisane sich versucht fühlen, sich über das Alte Testament lustig zu machen, wenn das nicht zu unziemlich wäre. Ich bitte tausendmal um Vergebung, hochverehrte Frau, für die Possen, die ich nicht aus Bosheit geschrieben habe, sondern um zu leben. Jesus gebe Euch ein, wie Ihr am besten bei Sebastiano aus Pesaro durchsetzt, daß ich den Rest der Summe erhalte, auf die ich schon dreißig Scudi bekommen habe und für die ich Euch im voraus dankbar bin.«

Vittoria Colonna war die berühmteste Frau ihres Jahrhunderts, und auch wenn Aretino kein religiöser Schriftsteller wurde, rechnete er es sich zur Ehre an, mit ihr zu korrespondieren. Dabei vergaß er nicht zu erwähnen, daß er in vielen seiner Veröffentlichungen auch ihr, der »ersten Frau Italiens«, immer wieder die Ehre gab. »Lest den Prolog der *Kurtisane*«, schrieb er ihr, »durchblättert die Komödie *Der Stallmeister*, blickt auf die Epistel in den *Psalmen* und alles andere, was ich geschrieben habe, und Ihr werdet sehen, daß ich immer und immer Euer Lob gesungen habe.«

Auch mit der Dichterin Veronica Gambara, fünf Jahre älter als Vittoria Colonna, stand Aretino in freundschaftlichem Einvernehmen. Ihr Mann, Giberto von Correggio, war wie der Marchese von Pescara in kaiserlichen Diensten ums Leben gekommen, und seine Witwe trug seitdem, außer bei festlichen Anlässen, nur noch Trauerkleider. Doch in der Literatur fand sie Ablenkung von ihrem Kummer, und so machte sie ihr Haus zu einem Treffpunkt zahlreicher Künstler. Zweimal war auch Kaiser Karl V. bei ihr zu Gast.

In ihrer Dichtung wurde Veronica Gambara wohl am meisten von Pietro Bembo beeinflußt. Aber sie schätzte auch Aretino offenbar sehr hoch; in einem äußerst schmeichelhaften Brief stellte sie die Gestalt seiner *Angela Serena* der Beatrice Dantes und der Laura Petrarcas an die Seite. Derart hochgestochene Vergleiche taten Aretinos Selbstgefühl ohne Frage sehr wohl. Er lobte seinerseits die Gedichte Veronicas in überschwänglicher Weise und schrieb ihr: »Ich hebe die Briefe, die Ihr mir gütigerweise von Zeit zu Zeit schickt, so sorgfältig auf wie eine junge Frau ihren Schmuck, und wenn ich mich in meinen Ehren spiegeln will, lese ich sie ein- oder zweimal und lege sie dann wieder weg.«

Mit ganz anderen Frauen hatte Aretino in seinem Hause zu tun. Diese »Aretinerinnen«, wie sie allgemein genannt wurden, hatte er entweder als Haushilfen oder als Geliebte bei sich aufgenommen. Einige von ihnen waren verheiratet, wurden aber von ihren Männern ständig betrogen oder auf andere Weise schlecht behandelt, so daß sie froh waren, bei einem Mann, der gut mit ihnen umging, eine vorläufige

Bleibe zu finden. Offenbar war Aretino aber im Umgang mit manchen so weichherzig, daß sie sich über ihn lustig machten, ihn um Geld betrogen oder nachlässig mit seinen kostbaren Sachen umgingen. An eines dieser Mädchen, Lucietta, die weggelaufen war, weil sie ein schlechtes Gewissen hatte, schrieb er dennoch einen fast väterlichen Brief, um sie zur Rückkehr zu bewegen:

»Ich habe den Brief gesehen, den Du mir vielleicht von einem Deiner Liebsten hast schreiben lassen und worin Du weinst und Dich betrübst und Dich entschuldigst, Du seist aus meinem Haus geflohen aus Furcht, ich würde Dich umbringen, weil Du mir mit Deiner bestialischen Unachtsamkeit Geschirr, Vasen und andere Gegenstände zerbrochen hast, deren Wert wahrhaftig hingereicht hätte, um Dich zwei Jahre lang zu besolden. Es ist sehr unrecht von Dir gewesen, wegzulaufen, denn Du mußtest doch wissen, daß mein Zorn schneller verraucht als ein Strohfeuer, besonders dann, wenn es sich um die Vernichtung von Manufakturwaren auf Tellerbrettern und Kredenzen handelt, auf deren Trümmern die Gläser und Tassen eine Pracht zeigen, die Euch Weibsbildern den Kopf verdreht, wenn Euch in einer verliebten Laune die Herren, die Euren Hunger stillen, Euch kleiden und Euch aus den Hospitälern herausnehmen, ein bißchen unters Kinn fassen oder mit Euch liebäugeln oder Euch von hundert Malen ein Mal attackieren, sobald der Teufel sie reitet – der soll Euch alle miteinander holen, Ihr Landstreicherinnen, Diebinnen, Schurkinnen! Der Verdruß über Dich und auch ein wenig der Ärger über Dein Verhalten läßt mich solche dummen Schimpfworte aussprechen. Gott verzeihe es mir! Kehre zurück in die Herberge, aus der Du davongelaufen bist, denn Du hast ja selbst gesagt, daß man hier nicht das Brot verschließt, daß man hier nicht den Wein wässert und daß man hier nicht barfüßig ist, außer im Bett.«

Gegenüber Tizian, der ihm offenbar vorgehalten hatte, daß er manchmal etwas zu großzügig mit den Mädchen in seinem Haus umgehe, rechtfertigte er sich in einem kurzen Schreiben folgendermaßen:

»Ihr sagt mir, Gevatter, daß meine Dienstfrauen sich über mich lustig machen, die ich mehr wie meine eigenen Töchter als wie meine Dienerinnen behandle. Weit entfernt, mich darüber zu empören, lache ich nur darüber. Ich bin wie Philipp, der Vater Alexanders des Großen, der mitten auf der Höhe seines Glücks die Götter um eine Demütigung bat. Ich, den die Fürsten fürchten, lege wenig Wert darauf, daß mich die Mägde achten. Laßt also die Dinge gehen, wie sie wollen. Das alles ist mir ganz recht so. Lebt wohl, mein lieber Bruder.«

In die eine oder andere seiner Aretinerinnen verliebte sich der Hausherr gelegentlich, und aus einer dieser Liebschaften ging eine Tochter hervor, die der stolze Vater Adria nannte, als Hinweis auf ihren Geburtsort, an dem er sich zu Hause fühlte. Die Mutter von Adria hieß Caterina Sandella. Sie war zwar mit einem gewissen Bartolo verheiratet, aber dieser war anscheinend auch kein Freund von festen Beziehungen. Manchmal hielt er sich mit Caterina unter Aretinos Dach auf, dann verschwand er wieder, entweder mit seiner eigenen oder mit irgendeiner anderen Frau.

Mit Caterina Sandella verband Aretino anscheinend eine wirklich dauerhafte Beziehung, sicherlich auch deswegen, weil sie die Mutter seiner Tochter war. Noch viele Jahre nach ihrer ersten Begegnung schreibt er ihr:

»So tief sitzt mir die Neigung zu Dir im Herzen und so unermeßlich liebe ich Dich, daß ich nicht weiß, wie ich Dich in meinem Brief anreden soll ... Ich bitte Dich, kehre mit Deinem Gatten Bartolo nach Hause zurück, der in meinen Diensten besser belohnt wird als in denen eines Königs, denn welcher Lohn käme der Ehrbarkeit gleich, mit der ich Dich behandelte, seitdem Du seine Gattin bist? Immer noch kann er von meiner Güte alles hoffen, was sie vermag. Du erscheinst unter Deinesgleichen weder in prächtigen Gewändern, noch mit reichen Ketten und kostbaren Ringen, und dennoch kommt der Neid nicht zum Schweigen. Und wenn Du im Hause niedere Handgriffe versiehst, obwohl es darin nicht an Dienern und Dienerinnen fehlt, so bist Du mit Deiner Humanität daran schuld und nicht ich, der ich Dich ebenso tadele, wie ich böse sein würde, wenn Du noch länger fortbliebest.«

Als Aretinos Tochter siebzehn Jahre alt war, heiratete sie einen Kaufmann aus Urbino. Aretino war zunächst sehr zufrieden darüber, das junge Mädchen in einer gutbürgerlichen Familie zu wissen. Aber bald stellte sich heraus, daß Adria von den Verwandten ihres Mannes sehr schlecht behandelt wurde. In einem dringlichen Brief bat Aretino die Herzogin von Urbino um ihre Vermittlung:

»Tränen und nicht Worte sind es, die Kummer und Schmerz mich seufzend niederschreiben lassen, denn ich bin Vater, und als solcher liebe ich Adria, mein Fleisch und mein Blut. Sie kam unschuldig und unglücklich hierher zu mir … Sie erzählte mir von den Qualen, von den Schlechtigkeiten und Grausamkeiten, die sie durch die Schwiegermutter, durch die Schwäger und die übrige Verwandtschaft erdulden mußte, so daß selbst der gutmütige Tizian eines Abends ganz ängstlich wurde. Und während Adria hier bei mir mit ihrer Mutter in Frieden vereint weilte, da kam plötzlich ganz taktvoll und liebenswürdig der Gatte hergereist, und ich empfing den Schwiegersohn festlich, und ich bestimmte ihn, da die Gattin nicht wieder mit ihm zu den erduldeten Qualen zurückkehren wollte, daß er hier bei ihr bliebe oder, falls ihn seine Geschäfte zur Heimreise zwingen, später wieder zu uns käme. Doch der gemeine Bergamaske, der im stillen anderes im Sinne hatte, verstand es, sie mit schönen Redensarten derart zu umschmeicheln – er schwor ihr zum Beispiel, die Schwester sei im Frauenkloster, der Bruder im Mönchskloster, und nur die Schwiegermutter sei zu Hause und bereit, ihr zu dienen –, daß das einfältige und arglose Kind seine Absicht änderte. Also ließ ich sie geduldig ziehen, obwohl mir das Herz in der Brust vor Schmerz zerspringen wollte. Doch sie waren kaum drei Tage daheim, da nahmen der verehrte Schwager und die verehrte Schwägerin wieder von ihrem Zimmer Besitz und hielten wieder wie früher Essen und Trinken unter Verschluß. Da es Seiner Hochwürden, dem inzwischen zum Abt und Ordensgeneral ernannten Priester, nicht gefällt, daß sie Armbänder und Ketten trägt, deshalb brummt er ständig: ›Was glaubst du denn eigentlich zu sein? Nimm sie vom Arm ab, du dummes Geschöpf, nimm sie vom Hals ab, du Gans!‹ – Und um allem die Krone aufzusetzen, duldet der fromme Mann nur einen wollenen Kamelot an ihrem Körper, und er peinigt sie Tag und Nacht, weil sie nicht will, daß der Diamant verkauft werde, den sie zum Andenken an mich behalten möchte. Darum bitte ich Euch usw. usw.«

»Wäre ich dieser Tage nicht unpäßlich gewesen«, antwortete die Herzogin umgehend, »so hätte ich Eure Tochter um so lieber besucht, als ich mich dazu gegenüber einem Euch so teuren Wesen verpflichtet fühle. Sie darf versichert sein, daß ich sie so ehren werde, als wenn sie aus dem Hause Farnese wäre. Eure Herrlichkeit tröste sich über ihre Abwesenheit und mache sich nur auf gute Nachrichten gefaßt, denn sie steht unter den Augen von Leuten, die ihre Interessen nicht minder wahrnehmen werden, als wenn Eure Herrlichkeit selbst am Ort wären.«

Mit dieser beruhigenden Zusage konnte der besorgte Vater wohl zufrieden sein. Auch eine zweite Tochter, Austria, mußte noch versorgt werden. Für sie erwirkte Aretino von keinem Geringeren als dem Kaiser eine Mitgift für ihre künftige Heirat.

Ein drittes junges Mädchen, um das Aretino sich Gedanken machte, war die fünfzehnjährige Perina Ricci, eine »Aretinerin«, die bereits mit einem Schützling Aretinos verheiratet war. In Perina hatte sich der alternde Schriftsteller offenbar heftiger verliebt als er sich selber eingestand.

Perina, ein sehr zartes Mädchen, war ungefähr zu der Zeit in Aretinos Haus gekommen, als Caterina Sandella ihm seine erste Tochter geboren hatte. Aretino schwärmte in höchsten Tönen von ihrem liebreizenden Wesen:

»Die Liebe, die vier zärtliche Väter zu ihren Kindern haben, käme nicht annähernd meinem Wohlwollen gegen das lebhafte, entzückende Geschöpf gleich, dessen Güte ihre Schönheit in einer Festung der Ehrbarkeit so klug und anmutig verschließt, daß mir beim bloßen Gedanken daran die Tränen in die Augen kommen. Ich verbringe ganze Tage damit, zuzuschauen, wenn sie liest, näht und stickt und ihre Kleider mit einer Sauberkeit in Ordnung hält, die sie schon von der Wiege her mitgebracht hat.«

Aber eines Tages erkrankt Perina an Schwindsucht. Aretino ist verzweifelt, schickt das Mädchen zur Erholung aufs Land, ans Ufer der Brenta, aber ohne Erfolg. Er bemüht sich um die besten Ärzte, pflegt die Patientin hingebungsvoll und hält nachts Wache an ihrem Bett. Langsam kommt Perina wieder zu Kräften. Doch kaum ist sie wieder auf den Beinen, da verläßt sie mit einem jungen Liebhaber das Haus ihres Gönners am Canal Grande. Aretino ist eifersüchtig, hilflos und wütend, aber andererseits scheint er über den Abbruch dieser ungleichen Beziehung auch erleichtert zu sein. An Freunde schreibt er:

»Freut Euch mit mir, denn ich habe die schimpflichste Kette abgestreift, die jemals die Liebe eines Menschenherzens fesselte. Leider hat sie mich fünf Jahre gezwungen, sie anzubeten. Hätte ich nicht immer die Falschheit meines Idols gesehen, müßte ich mich meiner Unwissenheit schämen, wie sie sich ihrer Nichtswürdigkeit schämen müßte. Je mehr dieses Weib meine Neigung wachsen sah, desto größer wurde ihr Haß gegen mich.«

Doch nach einiger Zeit kehrt die schwindsüchtige Perina, nun todkrank, zu Aretino zurück. Sie stirbt in seinen Armen. Aretino betrauert sie aufrichtig:

»Weh mir, Perina ist tot, tot und begraben, und ich lebe trotzdem. Warum nur ist die Freude eine so süße Mörderin des Herzens und warum läßt der bittere Schmerz das Gemüt wieder auferstehen? Um die Leidenschaft zu mildern, die ich für sie empfinde, müßte eine Pause eintreten zwischen meiner maßlosen Liebe, die ich mit Unrecht zu ihr hege, und dem unermeßlichen Haß, den ich mit Recht gegen sie fühlen sollte. So könnte die Pein gemildert werden, die sich desto mehr vergrößert, je mehr ich an die denke, die mit zwanzig Jahren dahinstarb.«

Zu Perina Ricci, Caterina Sandella und zu seinen beiden Töchtern scheint Aretino wirklich aufrichtige Gefühle entwickelt zu haben. Seine Lobeshymnen auf andere Frauen nehmen sich dagegen eher wie um Kunst bemühte Stilübungen aus, die mit dem Blick auf eine spätere Veröffentlichung geschrieben worden waren. Die Beziehungen zu guten Freundinnen wie Angela Zaffetta oder Angela Serena dürften lediglich seiner zeitweisen Entspannung gedient haben, und von der Korrespondenz mit den angesehenen Dichterinnen Vittoria Colonna und Veronica Gambara konnte Aretino sich mit Recht eine Vermehrung seines eigenen Ruhms erhoffen.

Bildnisse des »Göttlichen«

So unberechenbar wie Aretinos Leben, so unverhofft kam auch sein Tod in Venedig. Pietro Aretino starb mit vierundsechzig Jahren am 21. Oktober 1556.

Über die Ursache seines plötzlichen Endes gibt es keine genauen Angaben. Nur eine Legende hat sich erhalten und wird, weil sie so gut auf den lebensfrohen Satiriker paßt, seit Jahrhunderten weitergegeben: Bei einem Abendessen mit Freunden und Kurtisanen in seinem Haus habe jemand Aretino einen derben Witz über eine seiner beiden Schwestern, die angeblich Dirne in einem Bordell in Arezzo war, ins Ohr geflüstert. Aretino habe darüber so gelacht, daß er mit seinem Stuhl hintenüber gefallen sei und sich das Genick gebrochen habe.

Diese Szene, erfunden oder nicht, regte dreihundert Jahre später den Maler Anselm Feuerbach zu einem imposanten Gemälde an. Das Bild *Der Tod des Pietro Aretino*, das sich heute in Basel befindet, entstand 1854 in Karlsruhe. Es zeigt die erschrockene Tischgesellschaft, die Aretino, der im Fallen noch das Tischtuch mitreißt, rücklings zu Boden stürzen sieht. »Der Aretino ist mit einer schwer zu schildernden Begeisterung gemalt«, schrieb Feuerbach in seinen Erinnerungen, und in einem Brief an seine Mutter brachte er seine berechtigte Hoffnung auf künstlerischen Lorbeer zum Ausdruck: »Am Aretin habe ich mit der größten Anstrengung und Erfolg gearbeitet, und ich kann jetzt sagen, mit der Hand auf dem Herzen, daß dieses Bild mir meinen Namen feststellen wird.«

Anselm Feuerbach, *Der Tod des Pietro Aretino*, 1854
Öffentliche Kunstsammlung Basel, Kunstmuseum

Nicht nur der Maler Feuerbach, der 1880 in Venedig starb, machte sich mit diesem Bild einen Namen, sondern dieses Gemälde sorgte auch dafür, daß der legendäre Aretino, dessen Schriften drei Jahre nach seinem Tod von Papst Paul IV. auf den Index der verbotenen Bücher gesetzt worden waren, im Gedächtnis der Nachwelt blieb.

Schon zu Lebzeiten war Aretino ungewöhnlich oft von namhaften Künstlern bildlich dargestellt worden. Am bekanntesten wurde eines der sechs Porträts, die Tizian von ihm gemalt hatte. Das Brustbild zeigt den Schriftsteller, fürstlich gekleidet, in Herrscherpose. »Machiavelli und Guicciardini behaupteten, die Begierde sei der Hebel der Welt. Was jene gedacht hatten, das stellte Aretino im Leben dar«, schrieb der italienische Literaturwissenschaftler Francesco de Sanctis in seiner *Geschichte der italienischen Literatur* im Jahre 1870 zu diesem Tizian-Gemälde. De Sanctis' einfühlsame Interpretation des Bildes ist so mitreißend formuliert, daß sie an dieser Stelle auszugsweise zitiert werden soll:

»Er besaß von Natur starke Begierden und Kräfte, die diesen entsprachen«, schreibt de Sanctis über Aretino. »Man betrachte nur sein Bild, das Tizian gemalt hat. Das Gesicht eines Wolfs, der Beute sucht. Der Kupferstecher gab ihm einen Rahmen aus Wolfsfell und Wolfspfoten, und das Wolfshaupt erscheint über dem Menschenhaupt, dem es an Struktur sehr ähnlich ist. Schillernde Augen, geöffnete Nüstern, Zähne, die man sieht, weil die Unterlippe gesenkt ist, sehr stark ausgebildet der hintere Teil des Hauptes, der Sitz der sinnlichen Triebe; auf diesen zu scheint der Schädel, der vorne kahl ist, gleichsam rückwärts zu stürzen. – Sohn einer Kurtisane, Seele eines Königs, sagt er selber von sich, Buchbinder, Kammerdiener des Papstes: welch ein Elend! Seine Bedürfnisse sind grenzenlos. Es genügt ihm nicht, zu essen; er will Genuß. Es genügt ihm nicht, zu genießen; er will Wollust. Es genügt ihm nicht, sich zu kleiden; er will Prunk.

Pietro Aretino, Punktierbild von Johann Gottlieb Henschke,
um 1820, nach Tizian

Es genügt ihm nicht, reich zu werden, er will andere reich machen, will ausgeben und verschwenden ... Es gibt keinen kompetenteren Richter in Fragen guter Bissen und erlaubter und unerlaubter Vergnügen. Und das ist bei ihm nicht nur Sinn für Genuß, sondern geradezu Sinn für Kunst ...«

Tizian hat, wie Giorgio Vasari in seinen Künstlerbiographien anmerkte, Aretino auch als Pilatus auf dem Bild *Ecce homo*, dargestellt, das im Auftrag des niederländischen Kaufmanns Giovanni d' Anna gemalt worden war. Und auf dem Tizian-Bild *Die Ansprache des Marchese del Vasto,* das im Museo del Prado in Madrid hängt, tritt Aretino als Soldat auf.

Über das Porträt, das Sebastiano del Piombo von seinem Freund Aretino gemalt hat, bemerkte Vasari, es sei ein ganz erstaunliches Werk, weil man darauf fünf bis sechs unterschiedliche Schwarzfärbungen bei der Kleidung (Samt, Satin, Seide, Brokat, Leinen) erkennen könne, über denen der rabenschwarze Bart zu sehen sei. In der Hand trage Aretino einen Lorbeerzweig und ein Blatt, auf dem der Name Clemens' VII. stehe, »und zwei Masken vorn, eine schöne für die Tugend und eine häßliche für das Laster«. Das Bild schenkte Aretino seiner Heimatstadt Arezzo; dort wurde es im Rathaus aufgehängt.

1540 wurde Aretino von Francesco de Salviati gemalt; das Porträt war für Franz I. von Frankreich bestimmt und gereichte dem Maler sowie dem Porträtierten zu weiterem Ruhm. Zwei Jahre danach malte Moretto da Brescia ein Aretino-Porträt und wenig später auch Tintoretto.

Seinen eigenen Ruhm nutzte Aretino nicht allein für sich selbst, sondern auch für seine Freunde, indem er immer wieder dafür sorgte, daß sie Aufträge erhielten. Vor allem Tizian hatte seinem einflußreichen Freund etliche große Aufträge zu verdanken und machte seinerseits, wie aus Briefen hervorgeht, Werbung für Aretino, indem er dessen große literarische Begabung und die Freigebigkeit gegenüber Hilfesuchenden herausstrich.

Tizian, *Ecce Homo,* 1543. Wien, Kunsthistorisches Museum
(Aretino als Pilatus)

Mit einem guten Bekannten, dem ebenfalls aus Arezzo stammenden Architekten, Maler und späteren Kunsthistoriker Giorgio Vasari, stand Aretino in regelmäßigem Briefverkehr. Beide waren einander durch Empfehlungen an Dritte von Nutzen, wenn auch Aretinos Beziehungen zu mächtigen Auftraggebern wesentlich intensiver waren als diejenigen Vasaris. Dieser wiederum lobte Aretino schriftlich und mündlich, wo er nur konnte und verhielt sich gegenüber dem neunzehn Jahre älteren Schriftsteller manchmal fast devot. Gelegentlich bezeichnete er Aretino sogar als »Divinissimo«, eine Anredeform, die er sonst nur gegenüber Michelangelo verwendete. Einen Brief an Aretino begann er folgendermaßen:

»Wie Phoebus sich nach der Ankunft von Aurora mit seinen leuchtendsten Strahlen offenbart und mit seinem klarsten Glanz die Berge und unsere große alte Mutter [die Erde] bescheint, indem er ihr, die allen ihren Geschöpfen das Leben schenkt, Nahrung gibt, so habt Ihr meinen Geist erleuchtet, so hat die Kraft im Klang Eurer Stimme, die von Euch in so glücklichen Schriftzeichen niedergelegt ist, meinem Geist eingegeben, Gott dafür zu danken, daß Ihr die schneeweißen Briefbogen vor Eure Kerzen gelegt und mit Eurer rechten Hand die Feder ergriffen habt, um einen Brief an jemanden zu richten, der weder von Euch zu hören verdient noch von den Dingen, die Euch beschäftigen …«

Vasari stand, darauf weist vor allem der Kunsthistoriker Martin Warnke in seinem Buch *Hofkünstler* ausdrücklich hin, ganz unter dem Eindruck, daß der »Ruhmesmechanismus« planmäßig in Gang gesetzt und gehalten werden konnte. Schriftsteller als Verbreiter der »fama« konnten einem Maler mehr nutzen als seine eigenen Werke, denn gedruckte Schriften hatten, weil sie leicht von Hand zu Hand gingen, eine ungleich größere und dauerhaftere Breitenwirkung als beispielsweise ein Gemälde oder eine Skulptur. Aretino war in dieser Hinsicht besonders produktiv: Er lobte befreundete Künstler, ließ sich von ihnen loben, veröffentlichte das Lob der anderen in seinen Briefen und lobte sich noch dazu selbst in seinen Komödien und in den *Kurtisanengesprächen*, indem er Figuren erfand, die Loblieder auf ihn sangen. Eine geschicktere Ausnutzung des »Ruhmesmechanismus« war kaum denkbar. Aber ohne die Strategie der permanenten Eigenwerbung hätte Aretino als freier Schriftsteller nicht überleben können.

Nicht nur Künstler, auch Städte wollten Ruhm. Anfang des 16. Jahrhunderts ließ die Republik Venedig den Markusplatz zu einem Repräsentationsforum ausbauen, das die venezianische Macht demonstrieren sollte. Dieses große Projekt wurde einem guten Freund Aretinos, dem Architekten Jacopo Tatti, genannt Sansovino, anvertraut, der von 1529 an dreißig Jahre ununterbrochen an der Gestaltung des großen Platzes und seiner Umgebung arbeitete. Sansovino vervollständigte die alten Prokurazien, restaurierte die Basilika San Marco und den Campanile. Unter seiner Leitung wurde schließlich auch die Bibliothek gegenüber dem Dogenpalast mit ihren Arkaden und Loggien gebaut.

Aber dann widerfuhr dem Baumeister ein Unglück, und ohne die Hilfe des berühmten Schriftstellers wäre er kaum so glimpflich davongekommen: In der Nacht vom 18. auf den 19. Dezember 1545 stürzte ein Teil der Wölbung im großen Bibliothekssaal ein. Sansovino wurde auf der Stelle ins Gefängnis geworfen und schwer mißhandelt. Gemeinsam mit Tizian gelang es Aretino, den Freund durch Fürsprache vor weiteren Übergriffen zu retten. Sansovino durfte das Gefängnis verlassen, aber sein Gehalt wurde einbehalten, und er wurde verurteilt, den Schaden auf eigene Kosten wiedergutzumachen.

Zum Glück stellte sich schnell heraus, daß die Katastrophe nicht so groß war wie angenommen, es war lediglich ein Fenster und die dazugehörige Wölbung zerstört. Der Einsturz war vermutlich dadurch verursacht worden, daß

Bauarbeiter zu früh die notwendigen Stützen entfernt hatten, so daß durch die Vibration, die beim Abfeuern einiger Kanonenschüsse von einem Schiff aus entstand, die Steine gelockert worden waren. Sansovino konnte also, wenn auch mit lädiertem Prestige, das großartige Bauwerk vollenden. In der Markuskirche setzte er sich und seinen beiden Freunden ein kleines Denkmal, indem er Tizians, Aretinos und seinen eigenen Kopf an der Bronzetür der Sakristei abbildete.

Daß sein Kopf auf »Kannen, Tellern und Spiegelrahmen« abgebildet sei, darauf hatte Aretino selbst in einem Brief hingewiesen. Auf einer Medaille mit seinem Konterfei, die er für sich prägen ließ, ist sein Motto »Wahrheit gebiert Haß« – auf lateinisch zu lesen: »Veritas odium parit«; die Medaille befindet sich im Besitz der National Gallery of Art in Washington.

Außer Anselm Feuerbach hat noch ein anderer deutscher Künstler, der Historien- und Genremaler Adolf Wichmann, Aretino dargestellt. Der aus Celle stammende Maler, der an der Dresdner Akademie studierte, war häufig in Rom und Venedig. Seine bereits erwähnte hübsche Parkszene mit dem lesenden Aretino (siehe S. 173) stammt aus dem Jahre 1865.

Zeitgenosse Aretino

Pietro Aretino lebt. Der Ahnherr des Enthüllungsjournalismus und Verfechter einer schrankenlosen Selbstverwirklichung ist so aktiv wie eh und je.

Mit Aretino begann, wie Karl Voßler es formulierte, die große Demokratisierung der humanistischen Bildung. Mit ihm begannen der investigative Journalismus und die breite politische Aufklärung ebenso wie die Klatschreportage und die Sensationsberichterstattung. Und all das wurde produziert und dirigiert von einem Mann aus dem Volk, der sich mit den Mächtigen auf eine Stufe stellte; von einem selbstbewußten Autodidakten, der gegen traditionsbewußte Akademiker polemisierte und mit ihnen in Konkurrenz trat; von einem Sprachrohr der öffentlichen Meinung, die er, als gutinformierter »Pasquino«, mit Insider-Kenntnissen versorgte – modern ausgedrückt: von einem multimedialen Einmannbetrieb mit höchsten Einschaltquoten.

Von sich reden macht Aretino, mit kleinen Unterbrechungen, die durch das Verbot seiner Schriften bedingt waren, schon seit fast fünfhundert Jahren. Seine Schriften zirkulierten, offen oder heimlich – manchmal unter dem aus den Buchstaben seines Namens gebildeten Anagramm »Partenio Etiro«, während Fälschungen auch unter der Abkürzung »D.P.A.« (Divino Pietro Aretino) auftauchten – in ganz Europa, und das Interesse an seinem Werk wie an seiner Person hält weiter an.

Am 17. Juni 1997 meldete die Mailänder Tageszeitung *Corriere della Sera*, mit einer Abbildung des berühmten

Aretino-Porträts von Tizian, daß der richtige Name Pietro Aretinos jetzt endlich geklärt sei. Der französische Literaturwissenschaftler Paul Larivaille habe herausgefunden, daß »der große Schriftsteller des 16. Jahrhunderts« der Sohn eines armen Schuhmachers namens Luca Buta war. Die Mutter habe Margherita Bonci geheißen und sei die Schwester eines Domherrn aus Arezzo gewesen. Aretino habe sich hinter einem Pseudonym verborgen, damit man seine ärmliche Herkunft nicht entlarve.

Ob mit dieser Entdeckung, die Fachleuten schon lange bekannt war, wirklich »der richtige Name« Aretinos geklärt ist, muß allerdings bezweifelt werden. Denn zumindest in der Zeitungsmeldung war nicht davon die Rede, daß der arme Schuhmacher Luca mit der frommen Margherita verheiratet war und Sohn Pietro den Namen des Vaters trug. So darf über Aretinos Verwandtschaftsverhältnisse noch ein wenig weitergerätselt werden.

Nicht nur in Italien und Frankreich zeigt sich weiterhin lebhaftes Interesse an der »ersten Zeitung von Europa«, wie Hermann Kesten den Renaissanceliteraten treffend nannte. Auch in England hat Aretino, von der Shakespeare-Zeit über Laurence Sterne bis heute seine Spuren hinterlassen. Und deutsche Gelehrte und Autoren haben sich, wenn auch mit kontroversen Urteilen, ebenfalls bis in die neueste Zeit mit Aretino auseinandergesetzt.

Was reizt heute immer noch zur Beschäftigung mit diesem Mann aus Arezzo, der vor fast einem halben Jahrtausend, vielleicht vor Lachen, starb? Seine frivole Unterhaltungskunst? Sein scheinbar widersprüchliches, schillerndes Wesen? Sein realisierter Traum vom Niemand, der zum Partner der Mächtigen wurde? Seine amouröse Energie? Seine erstaunliche Produktivität? Sein riskantes Abenteuerleben? Seine freche Selbstvergötterung? Wahrscheinlich von allem etwas und noch manches darüber hinaus.

Aretino wurde in eine Zeit hineingeboren, in der der

spanisch-deutsche Kaiser Karl V., der französische König Franz I. und die Päpste Leo X. und sein Nachfolger Clemens VII. um die Vorherrschaft über das noch nicht vereinigte Italien stritten. Ähnlich wie Papst Clemens VII., der unschlüssig war, welchem politischen Lager er sich anschließen sollte, um seine territorialen Ansprüche durchsetzen zu können, war auch Aretino zwischen dem Haus Habsburg und dem Haus Valois hin- und hergerissen und schlug sich, je nach Lage der Dinge, auf die für ihn aussichtsreichste Seite.

Pietro aus Arezzo trat den Mächtigen seiner Welt wie ein Gleichrangiger gegenüber: Er tat dies mit der Waffe des Wortes, die er spielerisch, schamlos, phantasievoll, schmeichelnd, kampflustig oder erpresserisch einsetzte. Die Frage, ob der »Mann von der Straße« mit einer solchen Einstellung unmoralischer sei als die Großen seiner Epoche, eröffnet einer Diskussion auch heute ein weites Feld.

Nicht nur Aretino, auch Pasquino lebt. Im Mai 1998 machte Hanno Helbling in der *Neuen Zürcher Zeitung* darauf aufmerksam, daß die Pasquino-Statue an der Ecke des Palazzo Braschi, die seit 1501 als Anschlagsäule für Spötter-Verse diente, auch heute noch gelegentlich diese Funktion erfüllt. Eines der neuesten dort angehefteten Spottgedichte betraf das angebliche Grabtuch Jesu, das mit großem publizistischen Aufwand in Turin zur Schau gestellt wurde. Das in römischem Dialekt verfaßte Sonett lautet in Helblings Übersetzung:

> »Was heißt das: Sindone, Schwester Mercede?
> Ein Wort, das gar geheimnisvoll erscheint;
> Kaum einen gibt's, der es zu kennen meint;
> Es rührt euch und verschlägt euch dann die Rede.
>
> Und könnt ihr vor dem Tuch, dem Schleier stehen
> Im schwachen Schein, der in ein Kloster dringt,
> und ein ganz leises frommes Lied erklingt,

Wächst euer Glaube, Gott aber – wird sehen.
Entdeckt ihr danach: Sindone bedeute
›Laken‹ auf griechisch und nicht mehr als das,
dann merkt ihr wohl, man hielt euch bloß zum Narren.

Mit all dem, o getäuschte arme Leute,
bleibt ihr blind, taub, ergründet nie etwas
und könnt mit offnem Maul zum Himmel starren.«

Der Verfasser dieses Pasquino-Textes blieb anonym. Vielleicht war es ein Unbekannter aus Arezzo.

Literaturhinweise

Aretino, Pietro: KURTISANENGESPRÄCHE, aus dem Italienischen von Ernst Otto Kayser, mit Anmerkungen des Übersetzers und einem Nachwort von Helmut Faust; Insel, Frankfurt 1986

Aretino, Pietro: KURTISANENGESPRÄCHE, nach der Übersetzung von Heinrich Conrad hg. von Werner Heilmann, Heyne, München 1991

Aretino, Pietro: DIE GESPRÄCHE, hg. und übertragen von H. van der Molen, illustriert von Siegfried Oelkes; Vorwort von Hermann Kesten

Aretino, Pietro: HETÄRENGESPRÄCHE, übs. von Gerhard Heller, Nachwort von Johannes Hösle

Aretino, Pietro: DIE SINNLICHEN SONETTE – SONETTI LUSSURIOSI, Verlag Klaus G. Renner, München 1982

Aretino, Pietro: I MODI. STELLUNGEN. Die Sonette des göttlichen Pietro Aretino zu den Kupfern Marcantonio Raimondis, nachgedichtet und mit einem Essay versehen von Thomas Hettche. Gatza bei Eichborn, Frankfurt 1997

Aretino, Pietro: LETTERE, Il primo e il secondo libro; a cura di Francesco Flora; Mondadori, 1960

Bembo, Pietro: ASOLANER GESPRÄCHE, Dialog über die Liebe. Hg. u. übs. von Michael Rumpf; Manutius Verlag, Heidelberg 1992

Burckhardt, Jacob: DIE KULTUR DER RENAISSANCE IN ITALIEN, hg. v. Walter Rehm; Reclam, Stuttgart 1994

Burke, Peter: DIE RENAISSANCE IN ITALIEN, Sozialgeschichte einer Kultur zwischen Tradition und Erfindung; dtv München 1988

Cairns, Christopher: PIETRO ARETINO AND THE REPUBLIC OF VENICE; Olschki, Florenz 1985

della Casa, Giovanni: DER GALATEO, Traktat über die guten Sitten; hg. u. übs. von Michael Rumpf; Manutius Verlag, Heidelberg 1988

Castiglione, Baldesar: DAS BUCH VOM HOFMANN, übs. u. erläutert von Fritz Baumgart, mit einem Nachwort von Roger Willemsen; dtv, München 1986

Colonna, Vittoria: AUSGEWÄHLTE SONETTE, Umdichtungen von Hans Mühlestein; Daniel Andres, Biel 1981

Dolce, Lodovico: L'ARETINO ovvero Dialogo della pittura, Mailand 1863

Durant, Will: DIE RENAISSANCE, Eine Kulturgeschichte Italiens von 1304 bis 1576; Francke, Bern 1960

Feuerbach, Anselm: BRIEFE AN DIE MUTTER; Kanter Vlg., Königsberg 1939

Glötzner, Johannes: IL SCHANDMAUL PIETRINO ARETINO, ein Sittengemälde in zwei Akten; Lochham 1988

Gregorovius, Ferdinand: GESCHICHTE DER STADT ROM IM MITTELALTER; Stuttgart 1896

Grimm, Hermann: LEBEN MICHELANGELOS; Wien/Leipzig o.J.

Guhl, Ernst/Rosenberg, Adolf: KÜNSTLERBRIEFE; Berlin 1880

Hardt, Manfred: GESCHICHTE DER ITALIENISCHEN LITERATUR; Artemis & Winkler, Düsseldorf und Zürich 1996

Hösle, Johannes: PIETRO ARETINOS WERK, W. de Gruyter, Berlin 1969

Hösle, Johannes: KLEINE GESCHICHTE DER ITALIENISCHEN LITERATUR; Beck'sche Reihe, München 1995

Howard, Deborah: JACOPO SANSOVINO, Architecture and Patronage in Renaissance Venice; Yale Univ. 1987

Marchi, Cesare: L'ARETINO, Rizzoli, Mailand 1980

Lukian: HETÄRENGESPRÄCHE, übs. von Carl Fischer mit Zeichnungen von Bele Bachem; Vollmer, Wiesbaden o. J.

Masson, Georgina: KURTISANEN DER RENAISSANCE; übs. von Margaret Carroux; Wunderlich, Tübingen 1975

Mazzuchelli, Giammaria: LA VITA DI PIETRO ARETINO; Padua 1741

Nashe, Thomas: DER GLÜCKLOSE REISENDE oder DAS LEBEN DES JACK WILTON, dt.v. Jutta Schlösser; Aufbau, Berlin/Weimar 1982

Papini, Giovanni: MICHELANGIOLO UND SEIN LEBENSKREIS; Berlin/Darmstadt 1949

Pietrangeli, Carlo (Hg.): DIE SIXTINISCHE KAPELLE; Benziger 1986

Regler, Gustav: ARETINO – Freund der Frauen, Feind der Fürsten; Roman; Scherz & Goverts, Stuttgart 1955

Rud, Einar: GIORGIO VASARI, Vater der europäischen Kunstgeschichte; Kohlhammer, Stuttgart 1964

de Sanctis, Francesco: GESCHICHTE DER ITALIENISCHEN LITERATUR
(2 Bde.); Kröner, Stuttgart 1943

Schmidt, Lothar (Hg.): RENAISSANCE IN BRIEFEN, Leipzig 1909

Semerau, Alfred: DIE CONDOTTIERI, Diederichs, Jena 1909

Semerau, Alfred: PIETRO ARETINO, ein Bild aus der Renaissance;
König, Wien und Leipzig 1925

Vasari, Giorgio: LEBENSLÄUFE DER BERÜHMTESTEN MALER, BILDHAUER
UND ARCHITEKTEN; Manesse, Zürich 1974

Vollmer, Hans (Hg.): ALLGEMEINES LEXIKON DER BILDENDEN KÜNSTLER
(Bd. 35); Seemann, Leipzig

Warnke, Martin: HOFKÜNSTLER – Zur Vorgeschichte des modernen
Künstlers; DuMont, Köln 1985

Wiese, Berthold/Percopo, Erasmo: GESCHICHTE DER ITALIENISCHEN
LITERATUR; Leipzig/Wien 1910

Wind, Edgar: HEIDNISCHE MYSTERIEN IN DER RENAISSANCE, übs. v.
Christa Münstermann u.a.; Suhrkamp, Frankfurt 1987

Wittschier, Heinz Willi: DIE ITALIENISCHE LITERATUR, Einführung
und Studienführer; Niemeyer, Tübingen 1985

Zorzi, Alvise: CANAL GRANDE, Biographie einer Wasserstraße;
Claassen, Hildesheim 1993

BILDNACHWEIS

Foto AKG, Berlin: 15, 25, 47, 61, 77, 99, 131, 151, 201, 203
Öffentliche Kunstsammlung Basel, Kunstmuseum: 199
Foto: Öffentliche Kunstsammlung Basel, Martin Buhler
Sixtinische Kapelle, Rom: 161

Personenregister

James Cleugh

Die Medici

Macht und Glanz einer europäischen Familie. Aus dem Amerikanischen von Ulrike von Puttkamer. 489 Seiten mit 149 Abbildungen. SP 2321

Die Chronik einer Familie, die wie keine andere die Kultur der Renaissance verkörperte.

Die Medici gehören zu den großen Familien, die die europäische Geschichte und Kultur entscheidend geprägt haben. Sie waren Bankiers, Feldherren, Päpste, Herzöge, Königinnen, Despoten, aber auch geniale Förderer von Kunst und Wissenschaft. Unter ihrer Führung wurde Florenz zum kulturellen Mittelpunkt Europas.

Unter den großen Familien, die den Lauf der europäischen Geschichte prägten, hat wohl kaum ein Name helleren Glanz als jener der Familie Medici. Ob als Bankiers, Feldherren, Päpste, Herzöge, Despoten oder geniale Förderer von Kunst und Wissenschaft – die Medici haben auf vielen Gebieten Weltruhm erlangt. Sie gaben der römischen Kirche zwei Päpste und Frankreich zwei Königinnen. Der Welt schenkten sie als großzügige Mäzene der Kunst unvergleichliche Meisterwerke. Im Mittelpunkt dieser Familienchronik steht deshalb auch die strahlende Gestalt Lorenzos des Prächtigen, des Staatsmannes und Dichters – die ideale Verkörperung des Renaissance-Menschen. Er war Förderer von Leonardo, Botticelli und Michelangelo. Unter seiner Führung wurde Florenz zum intellektuellen Zentrum Europas. James Cleugh erzählt von den Verwicklungen der Renaissance-Politik, den Intrigen, Liebschaften, Kriegen und Morden der Medici, und er befreit die Überlieferung von Legenden und halben Wahrheiten. Das Ergebnis ist eine einzigartige Chronik einer Familie, die dreihundert Jahre in Florenz herrschte und deren Vermächtnis den menschlichen Geist noch jahrhundertelang bewegt hat.

Klaus Thiele-Dohrmann

Europäische Kaffeehauskultur

*264 Seiten mit 12 Abbildungen.
SP 2582*

Goethe tat's – Schopenhauer, Lenin, Remarque und Dürrenmatt auch. Sie frönten einem Laster: dem Kaffeehaus. Dorthin ging man, wenn man allein sein wollte, aber dazu Gesellschaft brauchte, wie Alfred Polgar treffend die Kaffeehäuser beschrieb. Sie waren geistige Reservate für Künstler, Musiker, Eigenbrötler, Liebespaare, Romantiker und Realisten. Hier begannen leidenschaftliche Liebesbeziehungen, wurden wichtige politische Geschäfte abgewickelt und Zeitungen redigiert. Klaus Thiele-Dohrmann erzählt von den berühmtesten Kaffeehäusern Europas und läßt sie mit ihren namhaften Besuchern wieder lebendig werden. Ein nostalgischer Rückblick auf das Flair einer versunkenen Kultur.

Peter Demetz

Prag in Schwarz und Gold

Sieben Momente im Leben einer europäischen Stadt. Aus dem Amerikanischen von Joachim Kalka. 610 Seiten. SP 3044

Peter Demetz, preisgekrönter Essayist und Literaturkritiker, kennt Prag wie kaum ein anderer. Mit sanfter Melancholie und großer Liebe zum Detail entwirft er ein ebenso einsichtsvolles wie faszinierendes Porträt seiner alten Heimatstadt. Prag, das sind nahezu 1000 Jahre reicher und bewegter Geschichte. Das sind der glanzvolle Karl IV. und der melancholische Alchimist Rudolf II., das sind italienische Architekten und holländische Musiker, Mozart, Kafka und der brave Soldat Schwejk. Doch Prag bedeutete im Lauf seiner Geschichte immer wieder auch Rebellion, kultureller Niedergang und blutiger Terror wie nach dem verhängnisvollen Tod Masaryks im Jahre 1937. Kenntnisreich und mit leichter Hand geschrieben beschwört Peter Demetz in sieben Kapiteln Prag, den mythischen Ort in Mitteleuropa.

SERIE
PIPER

Biographien

Dirk Van der Cruysse

»Madame sein ist ein ellendes Handwerck«

Liselotte von der Pfalz – eine deutsche Prinzessin am Hofe des Sonnenkönigs. Aus dem Französischen von Inge Leipold. 752 Seiten. SP 2141

Ein unvergleichliches Bild ihrer Zeit hat Liselotte von der Pfalz in ihren 60 000 Briefen hinterlassen. In diesen Universalreportagen beschreibt sie ihr Leben am Hof ihres Schwagers, des Sonnenkönigs Ludwig XIV., freimütig, spöttisch, oft derb. Die Intrigen und Ränkespiele, die politischen Krisen und die glänzenden Feste bei Hof fanden in »Madame«, der Tochter des Kurfürsten Karl Ludwig von der Pfalz, eine kluge und geistreiche Beobachterin.

»Van der Cruysses Werk berichtet so frisch, wie es seinem Objekt zukommt.«
Die Zeit

»Dirk Van der Cruysse gelang es in bravouröser Weise, diese ungewöhnliche Frau zu rehabilitieren.«
Die Welt

Helga Thoma

»Madame, meine teure Geliebte …«

Die Mätressen der französischen Könige. 251 Seiten mit 11 Porträts. SP 2570

Die Herrscher des 17. und 18. Jahrhunderts konnten zwar ungehindert Kriege führen, Abgaben eintreiben und Schlösser bauen, beim Heiraten aber mußten sie sich der Staatsräson beugen: Fürstenehen hatten den dynastischen Erfordernissen zu entsprechen, der Repräsentation zu dienen und Thronerben hervorzubringen. Fürs Herz hielten sich insbesondere die französischen Könige Mätressen: geistreiche, schöne, sinnliche Frauen, die mit Intelligenz und diplomatischem Geschick erheblichen Einfluß auf die Staatsgeschäfte der Monarchen gewannen. Daß sie keineswegs nur genußsüchtige, eitle und verruchte Geschöpfe waren, zeigt Helga Thoma in sieben Porträts berühmter Mätressen der französischen Könige, und sie bricht eine Lanze für diese Frauen, die beim Volk verhaßt, aber bei Hof von großem Einfluß waren.

Biographien

Vincent Cronin
Katharina die Große
Biographie. Aus dem Englischen von Karl Berisch. 423 Seiten.
SP 2319

Vincent Cronin porträtiert die schillernde Persönlichkeit der russischen Kaiserin, ihr ereignisreiches Privatleben und ihre großen Leistungen als Regentin – gerade auch bei der Verwirklichung weitreichender Sozialreformen.

»Cronins Werk ist *das* Musterbeispiel einer geglückten Lebensbeschreibung überhaupt.«
Die Welt

Prinz Roman Romanow
Am Hofe des letzten Zaren
1896–1919. Herausgegeben von Prinz Nikolai und Prinz Dimitri Romanow. Aus dem Dänischen von Lothar Schneider. 480 Seiten mit 32 Seiten Abbildungen.
SP 2460

Eine interessante Innenansicht der prächtigen, streng abgeschirmten, fast mystischen Welt der Zarenfamilie.

Henri Troyat
Rasputin
Eine Biographie. Aus dem Französischen von Yla Margrit von Dach. 224 Seiten mit 14 Abbildungen. SP 2858

Wunderheiler oder Scharlatan, Heiliger oder Wüstling, bauernschlauer Intrigant oder klug taktierender Politiker? Der Faszination dieses düster dreinblickenden Charismatikers mit dem stechenden, etwas irren Blick kann man sich auch heute nur schwer entziehen. Wie war es Rasputin, dem analphabetischen Bauernsohn aus der entlegensten sibirischen Provinz, möglich gewesen, eine solche Macht über den Zaren und seine Gattin und damit in einem Riesenreich wie Rußland zu gewinnen? – Henri Troyat zeichnet ein fundiertes Bild dieser schillernden Persönlichkeit, ihrer Ausschweifungen, ihres Machtinstinkts und ihrer hellseherischen Gaben.

SERIE PIPER

Biographien –
Zeitgeschichte

Evelyne Bloch-Dano
Madame Zola
und die Pariser Boheme
352 S. mit 7 s/w-Abb. Gebunden
ISBN 3-538-07081-4
Eine fesselnde Biographie mit vielen eingestreuten, bisher unveröffentlichten Briefen und unvergeßlichen Schilderungen aus dem Paris des vorigen Jahrhunderts.

Carolly Erickson
Königin Victoria
352 S. mit 10 s/w-Abb. Gebunden
ISBN 3-538-07082-2
»Eine bewundernswerte Biographie, anschaulich, klug, sorgfältig recherchiert, meisterhaft rekonstruiert und voller aussagekräftiger Details.«
The New York Times Book Review

Edmond und Jules Goncourt
Madame Pompadour
260 S. Gebunden
ISBN 3-538-07075-X
Das Charakterbild einer berühmten Frau, der Mätresse Ludwigs XV. und heimlichen Lenkerin der Geschichte.

Helmut Kaiser
Maria Sibylla Merian
204 S. mit 6 Farbtafeln und 11 s/w-Abb. Gebunden
ISBN 3-538-07051-2
Aus Selbstzeugnissen, umfangreichen Quellen und Dokumenten rekonstruiert Helmut Kaiser das Leben einer ungewöhnlich selbständigen und erfolgreichen Frau.

Serge Lancel
Hannibal
388 S. mit 4 s/w-Abb. Gebunden
ISBN 3-538-07068-7
Die packende Biographie des größten Feindes Roms, eines genialen, listigen Feldherrn und weitsichtigen Politikers nach den neuesten Forschungsergebnissen.

Henri Troyat
Rasputin
224 S. mit 14 s/w-Abb. Gebunden
ISBN 3-538-07066-0
Die spannende Biographie einer charismatischen Gestalt, deren Ausschweifungen, Anmaßung und Machtmißbrauch den Sturz des Zarentums beschleunigte.

 **Artemis & Winkler**